양 1마리를 양 300마리로 만드는 방법

행복한 양치기

Happy Shepherd

김승리 지음

Q 쿰란출판사

행복한 양치기

추천의 글

　김승리 선교사는 우리 새로남교회에서 믿음 생활을 처음 시작하여 선교의 현장으로 직접 나간, 귀하고 열정적인 전문인 선교사입니다.

　저자는 치과의사로서 고려인과 현지인들의 치료 및 양육을 하고 있습니다. 거기에 농업, 고아원, 노숙자 사역까지 함께하며 모든 사역을 즐겁게 감당하고 있습니다. 이번에 키르기스스탄 10년 사역을 돌아보며 주님의 은혜로 소설 《행복한 양치기》가 나오게 되어 너무나 기쁩니다.

　이 책은 하나님의 마음을 순수하게 집필하여 누구나 편하게 읽을 수 있으며, 특히 중앙아시아에 관심이 있거나 선교를 준비하는 분들에게 인사이트를 줄 것입니다.

　《행복한 양치기》에 나오는 5가지 미션을 통해 한 영

혼이 변화되어 가는 과정은 매우 인상적이고 신선하게 다가옵니다. 미션들을 잘 지키면 양 한 마리가 300마리가 되는 놀라운 기적은, 마치 좋은 땅에 씨가 뿌려져 백 배, 육십 배, 삼십 배의 결실을 맺는 것(마 13:23)과 같습니다. 이것이 하나님의 진리입니다.

소설 《행복한 양치기》는 예수님의 마음으로 한 영혼을 살리며, 가정과 마을이 변화되는 아름다운 이야기입니다. 이 책을 읽는 독자 분들의 마음도 한층 더 아름답게 변화될 것입니다.

새로남교회 담임목사
오정호

추천의 글

저는 키르기스스탄에서 김승리 선교사를 여러 번 만났습니다.

그의 삶은 일반적인 사람들의 삶과는 많이 달랐습니다.

그는 말만 앞세우지 않고 행동하는 선교사였습니다. '선교 실천가'라고 불러야 맞는 사람입니다.

그의 삶은 말이 앞서는 이 세대 가운데 많은 사람에게 도전을 줄 것입니다.

그는 삶을 통한 선교를 하면서 사람들에게 '삶의 가치'와 '보람'을 주고자 노력합니다.

그는 마치 "무슨 일을 하든지 마음을 다하여 주께 하듯 하라"(골 3:23)는 성경 말씀을 삶에서 실천하고 있는 것 같습니다. 모든 일을 주님의 일처럼 하며, 이런 삶이 행복해질 수 있다고 이야기하고 있습니다.

삶에서 실천하는 선교사, 하나님의 말씀을 삶에서 잘 요리하여 키르기스스탄 사람들에게 먹이는 요리사 같은 선교사입니다.

그의 삶을 한 올 한 올 짜올린 듯한 이번 소설을 통해 많은 분이 은혜받고, 삶의 행복이 무엇인지 느끼는 은혜의 시간이 되리라 확신합니다.

김포 아름다운교회 담임목사, 환경운동가
미생물 활용 유기농업 연구가
전규택

추천의 글

　김승리 선교사님과는 키르기스스탄에서 10년째 알고 지냈습니다.

　치과의사로, 농업사역으로, 때로는 성경교사로, 선교사님은 정말 다양한 방면에 걸쳐 활동하고 계십니다. 의료선교사로서는 틀니부터 임플란트까지 모두 무료로 봉사하신다고 합니다.

　의료사역만 해도 환자가 많을 텐데 오후에는 농사를 지으러 시골 마을로 가십니다. 마을을 변화시키는 데 의료보다 농업사역이 더 효과적이라고 생각하기 때문입니다. 이 일들 하나하나가 쉽지만은 않을 텐데 모든 사역을 즐겁게 감당하고 계십니다.

어느 날 소설을 쓰신다는 이야기를 듣고 더욱 놀랐습니다. 글을 쓰고 책을 내는 일도 쉬운 일이 아닌데 '하나님께서 다양한 방면의 달란트를 주셨구나' 생각했습니다.

《행복한 양치기》 소설을 출간 전 미리 읽을 수 있었습니다. 선교사님이 선교 현장에서 해온 사역을 바탕으로 소설이 집필되었음을 금세 알 수 있었습니다. 선교사님은 교회나 가난한 이들에게 양 나누어 주는 일을 하셨습니다. 그리고 종종 일 년에 얼마나 늘리는지 내기를 하곤 하셨습니다. 내기를 한다는 것이 엉뚱하다고 볼 수 있습니다.

하지만 그것은 어떻게 하면 현지인들에게 지속적이고 실제적인 도움을 줄 수 있을까 하는 고민의 결과였습니다.

저는 이 책을 읽으며 마음의 따뜻함과 함께 많은 도전을 받았습니다. 선교지에 교회를 세우는 사역도 중요하지만 이슬람 지역은 이런 농업사역도 참 효과적이지 않을까 하는 생각을 해봅니다. 《행복한 양치기》는 키르기스스탄의 자연과 문화, 사람들의 삶이 잘 담겨져 있습니다. 특히 선교사님이 지닌 이 땅을 향한 애정이 책 속에 깊이 드러나 있습니다.

이 책의 추천의 글을 쓰게 되어 제게는 큰 기쁨입니다. 책을 읽는 모든 분에게 열방의 잃어버린 영혼들을 다시 한번 생각해 보는 축복 가득한 시간 되시기를 소망합니다.

비슈케크한인교회 담임목사
안규은

들어가며

　키르기스스탄에는 한 가정당 30마리 정도의 양을 키웁니다.
　하지만 누구나 마음속으로는 300마리를 꿈꿉니다.
　양 300마리가 있다고 해서 큰 부자는 아닙니다.
　그러나 양 300마리는 물질이 있다고 해서 얻어지는 것도 아닙니다
　양 300마리를 키우려면 마구간이 있어야 하고 양을 돌볼 수 있는 환경이 되어야 합니다.
　그리고 무엇보다도 그것을 지킬 수 있는 넉넉한 마음이 필요합니다.
　양 300마리가 있다고 한들 그것을 지킬 수 있는 넉넉한 마음이 없다면 양들은 금방 없어지기 때문입니다.

키르기스스탄 사람들에게 양 300마리란 삶의 목표입니다.

키르기스스탄에서 양 300마리는 아무리 잡아먹어도 없어지지 않는 상징적 숫자입니다.

잡아먹어도 양들은 금세 자라나고 새끼를 낳기 때문입니다.

아무리 나누어 주어도 계속 유지되는 재산이 있는 사람을 키르기스스탄 사람들은 행복한 부자라고 이야기합니다.

저는 이 책을 통해 어떤 사람이 행복한 부자인지 이야기하고 싶습니다.

이 책에 나오는 쿠반 할아버지는 양 300마리를 가지고 많은 나눔을 합니다.
　그러나 아무리 나누어 주어도 양이 줄지 않습니다.
　나누어 주고 또 나누어 주어도 양들은 다시 300마리가 됩니다.
　하나님의 마음으로 좋은 나눔을 하기 때문입니다.
　하나님은 좋은 나눔을 하는 사람을 지금도 찾고 있습니다.
　그리고 우리가 좋은 나눔을 했다면 하나님은 반드시 채워주십니다.
　이것은 하나님 나라의 원리입니다
　양 300마리를 거느릴 만한 넉넉한 마음과 하나님의

마음으로 좋은 나눔을 한다면 아무리 많이 양을 나누어 준다 해도 절대 줄지 않습니다.

   그러니 항상 기도하고 준비하며 이웃과 화목해야 합니다.

   《행복한 양치기》를 읽으며 마음을 내려놓고 양치기 할아버지의 행복 조언을 새겨보시길 바랍니다. 분명 행복이 찾아올 것입니다.

   행복은 돈이나 건강이 결정하는 게 아니라 이웃과의 화목에 있음을 꼭 명심하십시오.

2023년 이른 봄

김승리

차례

추천의 글 _ 오정호(새로남교회 담임목사) _4
　　　　　 전규택(김포 아름다운교회 담임목사) _6
　　　　　 안규은(비슈케크한인교회 담임목사) _8

들어가며 _12

프롤로그 _24

제1장 **첫 번째 미션:**

불평하지 말고 항상 감사하라 _36

　새벽 가축시장 _42
　쿠반이 목장 울타리를 고치다 _46
　하나님이 사용하는 사람 _50
　쿠반의 어린 시절 _57

제2장 두 번째 미션:

항상 기도하고 나를 갖추어라 _66

양 한 마리 나눔 _72
늑대의 공격 _76
닭과 토끼 나눔 _79
손해 보며 살자 _84

제3장 세 번째 미션:

네 이웃과 화목하라 _90

하나님이 찾는 사람 _94
양 300마리 _100
송어 양식장 _108
행복이란 무엇일까 _111

제4장 네 번째 미션:
즐겁게 일하라 _118

에르킨에게 양을 선물하다 _122
좋아하는 일과 좋아하지 않는 일 _124
봉사하는 즐거움 _128
도축장 _132

제5장 다섯 번째 미션:
더 나은 하나님의 소망을 꿈꿔라 _138

고아원 _142
과수원 나눔 _145
평생을 간직한 소원 _148

방앗간 나눔 _152
양 10마리 나눔 _154

에필로그 1_ 행복한 양치기 쿠반 _160
에필로그 2_ 양 6마리를 건네는 사람 _166

마치는 글 _174

양치기 할아버지의 행복 조언들 _180

프롤로그

해가 중천인데 쿠반은 술에 취해 아직도 들판에 누워 있다.

이제는 양치기 일도 아내인 라파의 몫이다.

쿠반은 지난해 양을 5마리나 잃어버렸다.

아무리 해도 나아지지 않는 이런 삶이 정말 싫다.

눈을 반쯤 감고 하늘을 희미하게 보니 한 가지 의문이 생긴다.

'열심히 일한다 한들 부자가 될 수 있을까?'

쿠반은 어쩔 수 없는 현재 상황과 마지못해 살아가는 자신의 모습을 생각하니, 그냥 헛웃음만 나온다.

아이들은 학교도 못 보내고 함께 양을 돌보며 열심히 일하는 데도 나아지지 않는 삶.

이런 삶이 이젠 지겹다. 정말 지겹다.

쿠반도 한때는 양몰이 대회에서 우승도 하고 즐거웠던 때가 있었다.

그런데 지금은 이게 뭐야!

무얼 해야 할지 모르겠다. 전부 포기하고 싶은 마음이다.

물론 아내에게 가장 미안하다.

언젠간 마음을 고쳐먹고 양도 열심히 치고 싶지만 지금은 이 일탈을 좀 더 즐기고 싶다.

지금까지 열심히 일한 데에 보상이라고나 할까!

또 아무리 일해도 나아지지 않는 상황을 나보고 어쩌란 말인가!

그때 갑자기 아내 라파의 목소리가 들려온다.

"여보, 아버지 오셨어요. 일어나 보세요."

쿠반은 마지못해 일어난다. 장인어른은 뭐가 그리 좋은지 항상 웃는 얼굴이다.

장인어른이 옆에 앉았다.

"요즘 술만 마신다면서? 라파가 그러더군. 또 양을 잃어버리면 어쩌려고 그러나?"

쿠반은 모든 게 불만인 듯 퉁명스럽게 답한다.

"장인어른이야 양이 300마리나 있지만 저는 6마리뿐이잖아요. 장인어른이 제 마음을 어떻게 아시겠어요? 이제 저는 잃어버릴 양도 없다고요."

쿠반이 양을 잃어버렸다고 소문이 나서 지금은 아무도 그에게 양을 맡기지 않는다.

아이들은 학교도 못 가고 온 가족이 양치는 일에만 매달렸는데 양을 잃어버리고 빚만 쌓였다.

양치기 미션 2. 항상 기도하며 나를 갖추어라.

"평생 배운 게 양치는 일인데 왜 제겐 안 좋은 일만 생길까요? 열심히 일해 부자가 되고 싶은데 전혀 나아지지 않아요. 왜일까요?"

가만히 듣던 장인어른이 쿠반에게 말을 건넨다.

"열심히 일해도 부자가 되지 않는다고! 자네 부자가 되고 싶은가?

부자는 돈만 있다고 되는 게 아니라네. 그걸 지킬 수 있는 넉넉한 마음이 중요하지.

그래야 그 돈이 계속 유지되는 법이거든. 아무리 돈을 벌면 뭐하겠나! 지키지 못한다면 그걸 어떻게 부자라고 할 수 있겠나!

내 지금까지 살아오면서 생긴 버릇이 하나 있는데 그게 뭔지 아나?"

쿠반도 궁금한 듯 물어본다. "버릇이요? 그게 뭔데요?"

장인어른이 이야기한다.

"가난한 사람을 유심히 보는 버릇이라네.

가난한 사람을 유심히 보면 가난할 수밖에 없는 안

좋은 버릇이 한 가지씩 있다는 걸 알게 되지."

쿠반은 이야기한다.

"가난이 나쁜 버릇 때문인가요? 집안이 가난해서가 아닌가요?"

"물론 집안에 돈이 많으면 부자 될 확률이 높겠지만, 집안이 잘 살아도 자녀를 잘못 키워 망하는 경우도 많다네.

더 중요한 건 안 좋은 버릇을 고치는 거라네.

내가 깨달은 것만 알아도 자네는 저절로 부자가 될 수 있을 거네.

그나저나 혹시 자네 꿈은 있나? 인생의 목표 말일세."

쿠반이 놀란 듯 이야기한다.

"꿈이요? 목동이 무슨 꿈이 있겠어요. 그냥 장인어른처럼 양을 300마리 정도 늘리는 게 꿈이라면 꿈이죠."

장인어른이 이야기한다.

"그래, 양 300마리가 꿈이라고…. 음! 나도 그게 꿈일 때가 있었지!

양치기 미션 3. 네 이웃과 화목하라.

사실 자네를 보면 내 예전 모습이 생각난다네.

나도 자네처럼 젊었을 때 모든 것을 포기하고 술만 마실 때가 있었지.

쓰레기통을 뒤지며 또 구걸하며 노숙자로 10년을 살았으니 말이야.

그런데 하루는 빅터르라고 하는 외국에서 온 선교사가 내게 내기를 하자고 하더군.

그런데 신기하게도 1년 만에 300마리 양을 가질 수 있었다네."

쿠반이 놀란 듯 물어본다.

"1년 만에 양 300마리가 생겼다고요? 어떻게 그럴 수가 있죠? 그걸 저 보고 믿으라고요?"

장인어른이 웃으며 이야기한다.

"자네도 믿기 힘들 거야! 그러나 신기하게 정말 1년 만에 양 300마리가 생겼다네."

장인어른이 쿠반을 쳐다보며 이야기한다.

"여보게, 쿠반. 그때 그 선교사랑 했던 내기 한번 해

볼 텐가?"

쿠반이 의아해서 물어본다.

"내기요? 어떤 내기죠?"

장인어른의 입가에는 미소가 가득하다.

"무슨 내기냐 하면, 양 10마리 내기라네."

"내가 자네에게 양 6마리를 주면 자네가 1년 안에 양 10마리를 만드는 거라네."

쿠반이 이야기한다.

"그건 너무 쉬운 거 아닌가요? 제가 평생 양만 돌봤는데 그거 하나 못 만들겠어요?"

"더 들어보게.

만약 1년 후 양 10마리를 만들면 10마리 모두 자네가 가지고, 10마리를 만들지 못하면 처음 가져간 6마리만 다시 돌려주면 되는 거네.

이것이 결코 쉽지만은 않지. 어때, 한번 해 볼 텐가?"

쿠반이 피식 웃으며 이야기한다.

"제가 평생 양만 치던 목동입니다. 양몰이 대회에서

양치기 미션 4. 즐겁게 일하라.

우승한 적도 있고요.

나름대로 양에 대해서라면 누구보다 전문가인데 10마리야 쉽게 만들 수 있지 않을까요?

장인어른께서 허락하신다면 저는 무조건 좋습니다.

그런데 궁금한 게 있습니다. 양 300마리는 어떻게 만든다는 거죠?"

장인어른이 웃으면서 이야기한다.

"아무렴 궁금하겠지! 양 내기도 내기지만 두 달에 한 가지씩 미션을 줄 거라네.

이 미션이 없다면 자네는 양 10마리에서 끝날 수도 있어.

나는 이 미션들이 정말 좋았다네. 아직도 생생하게 기억하고 있거든.

이 미션 덕분에 300마리까지 늘릴 수가 있었지. 그리고 지금은 그 양들을 평생 나누어 주고 또 나누어 주어도 절대 줄지가 않는다네. 이게 진정한 부자 아니

양치기 미션 5. 더 나은 하나님의 소망을 꿈꿔라.

겠는가? 어때 내기 한번 해 볼 텐가?"

쿠반의 마음에도 어느덧 기대감이 생겼다.

"장인어른의 말을 들으니 가슴이 뜁니다. 어떤 일이 있어도 꼭 10마리를 만들어 보겠습니다."

무엇보다 쿠반은 그 미션들이 궁금했다.

"장인어른, 내일부터 시작할까요?"

장인어른이 웃으며 이야기한다.

"성격도 급하지. 그래 당장 내일부터 시작하도록 하지! 그 대신 내가 주는 미션을 꼭 지켜야 하네."

"걱정 마세요, 장인어른. 장인어른도 후회하지 마십시오. 양 300마리가 생긴다는데 무엇인들 못 하겠습니까?"

쿠반은 오히려 장인어른이 손해 볼 것 같단 생각이 들었다. 1년에 300마리가 된다는 건 좀 억지 같지만, 쿠반은 양 10마리만 생겨도 이득이라는 생각이 든다.

1장

불평하지 말고 항상 감사하라

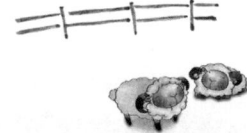

첫 번째 미션

불평하지 말고
항상 감사하라

장인어른이 쿠반에게 300달러를 건넨다.

"여기 300달러가 있네. 이걸로 양을 살 수 있겠나? 이걸로 양을 사서 1년에 10마리를 만들어야 하네."

쿠반이 말한다.

"이걸로 양을 사서 1년에 10마리를 만들라고요? 이걸로는 새끼 양 6마리밖에 못 사겠는데요?"

"내가 어찌 그걸 모르겠나? 양 6마리를 10마리로 만

하나님은 불평하는 사람을 싫어하십니다.
최대한 주변 사람들에게 감사하는 마음을 가져봅시다.

드는 게 쉬울 줄 알았나?

이건 자네가 노력해서 할 수 있는 최소한의 비용이라네. 양을 사는 것부터가 미션이지."

여러 가지 생각이 쿠반의 머리를 스쳐 지나간다. 양 시장을 어렸을 때부터 다녔던 터라 잘만 깎으면 아마도 좀 더 큰 양을 사는 게 가능할지도 모르겠다는 생각이 들었다. 그래도 쉽진 않을 거야! 쿠반도 장인어른이 그냥 양을 쉽게 주진 않을 것이라고 생각했다.

"네, 알겠습니다. 장인어른! 한번 해보겠습니다."

쿠반은 이런 상황이라도 꼭 성공해보겠다는 의지가 불타올랐다.

장인어른이 이야기한다.

"그럼 첫 번째 미션을 주겠네. 내가 주는 미션을 잘 이행하면 자네도 행복해질 수 있다네.

그리고 나처럼 양 300마리를 가질 수 있을 테니 잘 들어 보게나?

첫 번째 미션은 불평하지 말고
항상 감사하라는 거네."

쿠반은 의아한 듯 이야기한다.

"네! 불평하지 말고 항상 감
사하라고요?"

이런 반응이 나올 걸 예상했다는 듯 장인어른은 다시 이야기한다.

"아마 자네도 너무 의외의 미션이라서 놀랐을 테지.

나도 예전에 이 미션을 들었을 때, 대단한 게 나올 줄 알았는데 평범한 게 나와서 당황스러웠다네.

하지만 이 미션은 정말 중요하지. 왜냐하면 하나님은 불평하지 않고 항상 감사하는 사람을 좋아하거든.

그러니 이 기간 동안에는 불평하지 말고 최대한 주변 사람들에게 감사하는 마음을 가져보게나!

항상 감사하고 남을 배려하는 사람은 어떤 고난과 가난도 극복할 수 있지만, 감사하지 못한 사람은 고난이 왔을 때 자신의 잘못을 보지 못하고 다른 사람을 불평하지 말고 모든 일에 감사해야 합니다. 하나님이 이런 사람을 찾고 있습니다.

탓하게 되거든. 그렇게 되면 자네 양이 많이 늘어난다 해도 언젠가는 다시 없어질 거라는 걸 명심하게나!

누구나 그렇지만, 고난이 닥치면 우리 마음 안에 안 좋은 감정들이 싹트는데 그것은 불평과 두려움이라네.

불평하고 두려워한다고 상황이 달라지는 건 하나도 없지 않겠나!

그러니 그런 감정에 의지하지 말고 하나님을 의지해 보게나!

이것이 행복의 비결이라는 걸 언젠간 알게 될 거야.

감정은 하루에도 몇 번씩 바뀌는데 이런 감정들로 인해 우리 행복을 빼앗긴다면 얼마나 불행하겠는가?

그러니 잘 기억하게나. 불평하지 말고, 모든 일에 감사해야 하네. 하나님이 이런 사람을 찾고 계시다는 걸 명심하게나!"

새벽 가축시장

쿠반은 새벽 일찍 가축시장으로 향했다. 일찍 가야 양을 더 저렴하게 살 수 있다. 겨울밤의 새벽은 별을 많이 볼 수 있어서 참 좋다.

'이렇게 새벽 별을 보는 것도 오랜만이군.'

벌써 보름인지 보름달도 제법 올라왔다. '시간 가는 것도 모르고 살았구나' 하는 생각에 헛웃음이 나온다. 그러나 쿠반은 어떻게든 양을 싸게 사고픈 생각이 머릿속에

> 사람은 그렇게 쉽게 변하지 않습니다.
> 그러나 상황이 달라지면 바뀔 수 있습니다.

가득하다.

드디어 가축시장이다. 새벽인데도 양을 가지고 나온 사람들이 많다. 쿠반의 가슴도 뛰기 시작한다. 오랜만에 느껴보는 설렘이다.

'50달러로는 1년 된 양을 사기도 힘들 텐데. 어떡하나?' 하며 쿠반은 이리저리 양 시장을 둘러본다.

쿠반은 첫 개시로 80달러를 주고 임신한 어미 양 한 마리를 샀다. 목동들은 양을 처음 볼 때 치아를 먼저 본다. 잘 먹어야 살이 찌기 때문이다. 이 어미 양은 빠진 치아도 없고 정말 튼튼하다. 건강한 양 한 마리를 얻어 쿠반은 기분이 너무나 좋다.

그리고 네 마리는 간곡히 부탁하여 한 마리당 55달러를 주고 6개월 된 양을 샀다. 임신한 양이 새끼를 낳고 나머지 암양 네 마리가 한 마리씩 새끼를 낳는다면, 1년 후에 양 10마리가 될 거란 생각이 드니 기분이 더 좋아진다.

쿠반은 집에 오자마자 목장으로 향한다. 울타리를

고치기 위해서다. 양을 1마리라도 잃어버리면 10마리를 못 만든다.

쿠반의 머릿속은 양으로 가득 차 있다. 양을 잘 키우면 10마리가 생긴다는 생각에 기분이 좋아진다. 쿠반의 가슴에도 서서히 희망이라는 감정이 자라나 보다.

쿠반은 어제 장인어른이 이야기한 불평하지 말고 감사하라는 말을 생각해본다.

"이웃과 화목하고 감사하고 불평하지 말아야 행복해질 수 있다고? 쳇!"

행복해지고 싶은 건 누구나 마찬가지다. 물론 쿠반도 행복해지고 싶다. 아내와도 잘 지내고 싶고, 동네 사람들과도 잘 지내고 싶다. 그러나 그게 생각처럼 쉽진 않을 것 같다는 생각이 든다.

지금까지 술만 마시고 알코올 중독자처럼 살아왔는데, 과연 쉽게 바뀔지 쿠반에게는 꿈같은 이야기다.

하지만 쿠반은 이번 내기에서 꼭 이기고 싶다. 그래서 한 가지 다짐을 해본다.

아무 계획도 없고 목표가 없는 사람은 하나님도 돕지 않으십니다. 도와줘도 지키지를 못하니 갖춰질 때까지 기다리시는 것입니다.

"그래, 일단 술을 끊어 봐야겠어."

이번 내기에서 양 10마리를 만들어야 하니, 술 먼저 끊고 양 키우는 데만 전념해야겠다고 굳게 다짐한다.

쿠반이
목장 울타리를 고치다

아침 일찍 라파는 놀라지 않을 수 없었다.

"아니, 내 남편이 울타리를 고치고 있네요?"

그렇게 울타리 고치라고 이야기할 때는 듣지도 않더니, 이렇게 스스로 울타리를 고치다니 정말 신기하기만 하다.

"아버지! 어떻게 이런 상황이 펼쳐진 거죠?"

아버지 무사가 웃으면서 이야기한다.

> 눈앞의 상황만 바라보면 행복하지 못합니다.
> 행복해지고 싶다면 더 큰 미래를 바라봐야 합니다.

"쿠반이랑 내기를 했단다. 양 6마리를 1년 안에 10마리로 만드는 내기지.

사람은 그렇게 쉽게 변하지 않는단다. 그러나 상황이 달라지면 변하게 되지. 그래서 상황만 만들어 준 거란다.

나는 쿠반이 이 내기를 통해 달라질 거라 믿고 있단다. 쿠반이 아직 하나님을 믿지는 않지만, 하나님도 쿠반이 달라지기를 원하고 계실 거야.

하지만 알코올 중독자처럼 꿈과 목표가 없는 사람은 하나님도 돕기가 힘들지 않을까? 정확하게 말하면, 도와줘도 지키지를 못하니 때가 될 때까지 기다리시는 거겠지.

모든 것에는 하나님의 때가 있기 때문에 하나님도 그때까지 기다리시지.

나는 40년 이상 사람들을 어떻게 도울까만 생각했단다. 그래서 나는 가난한 사람을 보면 그 사람의 안 좋은 습관이 무엇인지를 잘 살펴본단다. 이 안 좋은 습관이 고쳐지지 않는다면, 그 사람은 계속 가난할 수밖에 없는 법이거든.

하나님께서는 항상 우리를 사용하시려고 하는데, 그 사람에게 안 좋은 습관이 있다 보니 그걸 깨우칠 때까지 기다리시는 거란다.

네가 아무리 쿠반에게 울타리를 고치라고 해도 쿠반은 잔소리로 알아듣는단다. 오히려 더 안 고칠 수도 있지. 관계가 깨진 부부라면 서로 이야기한다고 한들 절대 듣지 않는 법이거든.

하지만 상황이 바뀌거나 그 사람에게 도움을 주는 누군가가 이야기한다면 상황은 달라질 수도 있지. 그러니 너도 남편 술 먹는다고 불평하지 말고, 네가 할 일이 무엇인지를 찾아보도록 해라.

누구든 힘든 일이나 슬픈 일은 항상 있단다. 그러나 눈앞의 상황에만 매달리다 보면 행복할 수가 없지. 행복해지고 싶다면 눈앞의 상황만 보는 게 아니라 하나님의 섭리 안에서 더 큰 미래를 바라봐야 한단다.

> 내 자신의 부족한 부분을 하나님께 내려놓고 모든 것을 하나님의 마음으로
> 바라봐야 행복이 찾아옵니다.

그리고 하나님 앞에 자신의 부족한 부분을 모두 내려놓고 모든 것을 하나님의 마음으로 바라봐야 행복이 찾아온단다. 사람들은 자신이 주위 환경 때문에 행복하지 못하다고 불평하지만, 그렇게 불평만 하면 더 불행해질 뿐이지.

남편이나 다른 사람 때문에 내 행복이 사라졌다고 이야기한들 뭐가 달라지겠니?

행복은 주위 환경이나 다른 사람에게서 찾을 것도 아니고, 우리가 노력으로 만드는 것도 아니란다. 하나님께서 우리에게 선물로 주시는 것이기에 감사함으로 구하는 거란다. 그러면 자신도 모르게 행복이 찾아오게 되지."

하나님이
사용하는 사람

목장을 다 고치고 쉬고 있는 쿠반에게 장인어른이 다가온다.

"정말 목장이 튼튼하게 고쳐졌구먼. 양들도 잘 크고 있고, 이제 1년 동안 10마리로 잘 불리는 일만 남았네. 나도 잘 지켜보겠네."

쿠반이 대답한다.

"네, 장인어른. 저도 1년 동안 열심히 키워보겠지만,

> 믿지 않는 사람들은 돈이나 주변의 다른 사람을 의지하지만
> 우리가 진정으로 의지할 것은 하나님이라는 걸 알아야 합니다.

예전처럼 또 양을 잃어버릴까 봐 불안하답니다."

장인어른이 이야기한다.

"그렇겠지! 그래도 이렇게 목장을 고치는 모습을 보니 안심은 되네.

너무 걱정 말게나! 걱정한다고 달라지는 건 없지 않은가? 그리고 나는 좋은 상황이든 안 좋은 상황이든 모두 하나님이 주신 것이라고 생각한다네.

하나님께서 간혹 안 좋은 상황을 주시기도 하는데, 이런 상황도 하나님이 자네를 사랑해서 주시는 고난이라고 생각해 보게나!

그래야 고난도 감사할 수 있게 되지.

하지만 걱정하지는 말게나! 하나님은 자네가 감당할 수 있는 고난만 주시니까 말일세.

하나님께서 자네를 사용하고 싶어 하시기 때문에 자네의 믿음을 시험해보려고 고난을 주신 거라네. 만약 자네가 이 고난을 잘 이겨낸다면 하나님께서도 자네를 마음껏 사용하실 거라 생각하네.

자네가 정금 같은 믿음을 얻으려면 감당할 만한 고난도 필요하단 이야기네.

그러니 절대 불평하지 말고 모든 일에 항상 감사해 보게나!

자네가 아직 하나님을 믿지 않기 때문에 돈이나 주변의 다른 사람을 의지하지만 우리가 진정으로 의지할 분은 하나님이라는 걸 알아야 하네.

그러니 술만 먹지 말고 왜 양을 잃어버렸는지 잘 생각해 보게나! 지금은 자네가 이것을 깨닫기 힘들겠지만, 1년 동안 내가 내주는 미션들을 잘 지킨다면 하나님의 뜻을 알게 될 걸세.

그러니 지금은 첫 번째 미션만 생각하게나! 불평하지 말고 항상 감사하라는 거 말일세."

장인어른이 잠시 멈칫거리며 조심스럽게 말을 꺼낸다.

"자네 아버지 말이야!

자네가 어떻게 생각할지 모르겠지만, 하나 물어보고 싶은 게 있네.

행복은 주위 환경이나 다른 사람에게서 찾는 것도 아니고 우리 노력으로 만드는 것도 아닙니다. 하나님이 우리에게 주시는 선물입니다.

자네, 아직도 자네 아버지가 죽은 게 동네 사람들 때문이라고 생각하나?"

쿠반은 가슴이 저며온다. 그 생각만 하면 손이 떨리고 피가 거꾸로 솟는 느낌이다.

"장인어른도 아시잖아요.

아버지께서 어떻게 돌아가셨는지 말예요. 저는 지금 아버지 묘도 못 찾고 있다고요."

쿠반의 눈가에는 눈물이 고인다.

"솔직히 저는 지금도 그 생각만 하면, 잠이 안 오고 손발이 떨려온답니다."

장인어른이 조심스럽게 이야기한다.

"하지만 그건 사고였다네. 양몰이 경기에서 생긴 사고 아닌가?"

"제가 백 번 양보해서 사고라고 쳐도, 돌아가실 때 이장님과 마을 사람들이 어떻게 했는데요. 예수쟁이라고 못자리도 주지 않았다고요. 그걸 어떻게 잊겠어요?"

"그래 자네 마음 이해하네. 하지만 그것 때문에 자

네가 이렇게 망가지는 걸 보면 자네 아버지도 좋아하진 않을 거야.

나는 자네 아버지와 오랜 친구이며, 이 마을에서 유일하게 예수님을 함께 믿었지.

참 많은 시련도 있었지만 그래도 우린 행복했다네.

그래, 오늘은 여기까지만 하자고.

그래도 진정한 마음의 치유는 하나님만이 가능한 거라는 걸 명심하게나.

언젠가 때가 되면 알게 될 테니 너무 몸 축내지 말게나.

과거에 매인다고 다시 좋아지진 않을 테니 말이야!

다 지난 일인데 어쩌겠나?

나는 이만 가봐야겠네. 오늘이 양털 깎는 날이거든."

장인어른을 배웅하고 쿠반은 곰곰이 생각한다.

'진정한 마음의 치유는 하나님만이 가능하다고?

아버지 생각만 하면 이렇게 심장이 떨려오는데 이걸 하나님이 치료한다고! 참! 웃기는 소리다.

하나님 앞에서 준비가 되면 하나님께서는 우리를 기쁜 마음으로
사용하실 것입니다.

장인어른은 다 좋은데 꼭 하나님 이야기를 한단 말이야.'

쿠반이 어렸을 때는 교회에 다녔으나 아버지가 돌아가시고 나서는 교회를 나가지 않는다.

쿠반은 불평하지 말고 감사하라는 말을 떠올려본다.

왜 이런 말을 했는지 잘 모르겠지만 이 미션이 해결되어야 양이 300마리가 생긴다니 참 알다가도 모를 일이다."

쿠반도 자신이 불평만 하고 있다는 걸 안다. 쿠반은 자신의 처지를 되돌아본다.

아버지가 돌아가시고 묘지에 묻었는데 관이 물에 떠내려가서 못 찾고 있는 일부터, 예전에 친구가 정육점을 한다고 돈 빌려 달라고 할 때 양 10마리를 팔아 빌려줬는데 친구가 도망가서 원망했던 일이 생각났다.

그리고 작년에 목장을 고치지 않아서 양을 5마리나 잃어버린 걸 불평했던 일, 자녀가 2남1녀인데

큰아들 에르킨이 소아마비라서 세상이 원망스러웠던 일….

아무리 잘 살아보려 해도 나에겐 왜 이렇게 안 좋은 일만 생기는 걸까? 오늘도 술 생각이 절로 난다. 하지만 양 10마리 내기 때문에 꾹 참아본다.

"그래, 이미 다 지난 일이니 어쩌겠어.

다들 그 사람들 입장에서 생각해 보면 이해가 안 가는 것도 아닌데 뭐."

쿠반의
어린 시절

쿠반의 집안은 대대로 목동 집안이다.

그러나 변변한 재산 하나 없다.

그래도 물려받은 게 있다면 언덕 위에 있는 이 작은 움막집이 전부다.

쿠반의 아버지는 쿠반이 어렸을 때 양몰이 경기 도중 말에서 떨어진 후 병으로 시름시름 앓다가 결국 돌아가셨다. 쿠반의 어머니는 아버지가 교회 나가는 걸

시기하는 사람들이 양몰이 경기에서 격하게 몰아붙여 아버지께서 다치셨다고 말씀하셨다.

그뿐 아니라 아버지가 돌아가셨을 때도 동네 사람들이 예수 믿는 사람이라고 묘지를 주지 않아 마음고생이 많았다고 한다. 이곳은 마을 이장이 허락해줘야 공동묘지에 묻힐 수가 있기 때문이다. 그런데 이장이 물가 옆에 땅을 한 평만 주는 바람에 묘를 바르게 묻을 수가 없어 할 수 없이 세로로 묻었다고 한다.

그리고 비가 오는 어느 날, 묘지가 물에 떠내려가서 아직도 시신이 묻힌 관을 찾지 못하고 있다. 그 당시 쿠반은 어렸지만 그 상항을 똑똑히 기억한다. 아직도 그 일을 생각하면 이장님과 동네 사람들이 싫지만, 할 수 있는 일이 없으니 그냥 마음속에 묻어두고 살아가고 있을 뿐이다.

어머니 또한 아버지 장례를 마치고 쿠반만 남겨두고 집을 나가 버렸다. 쿠반은 어린 나이에 고아가 되어 버렸는데, 지금의 장인어른이 쿠반을 많이 도와주었다.

> 고난도 하나님이 우리를 사랑해서 주신 것이라는 걸 인정해야 합니다.
> 그래야 고난도 감사할 수 있습니다.

왜냐하면 장인어른과 아버지는 마을에서 유일하게 예수를 믿었기 때문이다.

하지만 아버지가 돌아가신 이후 쿠반은 예수를 좋아하지 않는다. 예수 때문에 우리 집안이 이렇게 되었는데 어찌 좋아하겠는가?

그 이후 쿠반은 약초를 캐거나, 남의 양을 돌보면서 겨우겨우 살아가고 있다. 봄이면 동네 사람들의 양들을 모아서 해발 3000미터 이상 되는 아주 높은 곳에서 양들을 돌보고 신선한 풀을 먹인 후 가을에 내려온다.

천산산맥의 3000미터 이상 고산지대에는 신비의 노란 뿌리가 있는데 고산지대에만 자라는 약초로 사람들은 이것을 홍경천이라고 부른다. 대부분의 목동들은 양을 돌보면서 홍경천을 채집한다. 쿠반도 마찬가지다.

그리고 이곳은 만년설이 있어 높은 곳에는 여름에도 눈이 있고, 그

눈 속에서 피는 예쁜 꽃이 있다. 눈 속에서 핀다고 꽃 이름이 설련화다. 8월에 꽃이 피고 9월에 꽃이 지기 바로 전에 예쁘게 따서 1송이씩 봉지에 담아 보관한 다음 산에서 내려가 약재상에 가져다준다. 뿌리까지 캐면 다음 해에 나지 않기 때문에 뿌리는 절대 캐지 않고 줄기부터 조심히 잘라서 따야 한다.

쿠반은 장인어른 덕택에 고아원으로 가지는 않았다. 장인어른은 쿠반에게 이런 약초 캐는 일도 가르치고, 말 타는 법도 가르쳤다. 쿠반의 집안도 대대로 목동 집안이라 쉽게 배울 수 있었다.

쿠반은 여기서 아내도 만나고 결혼도 했지만, 아버지께서 일찍 돌아가시고 어머니 또한 집을 나가다 보니 가정의 소중함을 잘 알지 못했다. 쿠반도 그런 부족함을 잘 알기에 언제나 아내인 라파와 이야기하고 결정하는 편이다.

하나님은 종종 우리를 아무것도 붙잡을 수 없는 나락으로 떨어뜨리기도 합니다.
우리가 진정으로 의지할 분은 하나님이심을 알아야 합니다.

그러나 양을 잃어버리고 술로 세월을 보낸 후부터는 아내와도 사이가 좋지 않다. 항상 교회에 가는 아내가 싫어 술 먹고 행패 부리며 때리기도 했다. 겉으로 표현이 안 돼서 그렇지 마음속으로는 항상 아내에게 미안하다.

그날 밤 쿠반은 아내와 이야기한다.

"우리 재산이 양 6마리가 전부 아니오? 작년에 마을 이장님네 양을 제대로 돌보지 못해 양 5마리를 잃어버리지 않았소! 이 산 저 산 찾아다녔지만 뼈도 찾지 못했다오.

그 일로 마을 이장님이 지금까지도 잔뜩 화가 난 것 같소. 올해는 이장님뿐만 아니라 동네 사람들이 한 명도 양을 맡기질 않잖소.

그래서 내가 생각해 봤는데, 우리 양 5마리를 이장님께 주는 게 어떻겠소? 양을 잃어버렸는데 뼈라도 찾지 못하면, 물어주는 게 목동의 법이라오.

우리는 남은 양 1마리와 장인어른이 주신 양 5마리

가 있지 않소. 1년 동안 잘 키워서 10마리를 만들면 양 10마리를 전부 주신다고 했으니 내가 열심히 키우면 1년 후에는 양 11마리가 생기지 않겠소!"

곰곰이 듣고 있던 라파도 이야기한다.

"그래요, 당신 생각이 그렇다면 그렇게 해요."

이제는 라파의 얼굴에 생기가 돈다.

제2장

항상 기도하고
나를 갖추어라

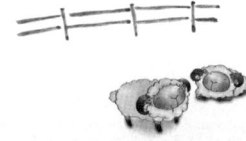

〈두 번째 미션〉

항상 기도하고
나를 갖추어라

쿠반은 흙벽돌로 조그마한 창고를 짓고 있다.

창고를 만들어 놓으면 쓸 데가 많기 때문이다.

흙벽돌이 추운 겨울에는 시멘트 집보다 훨씬 따뜻하기는 하다.

일을 하고 있는데 장인어른이 오신다.

"벌써 2달이 지났군. 그동안 좋은 일이 있었는가?"

쿠반은 들고 있던 흙벽돌을 내려놓으며 이야기한다.

사람들에게 인정받으려고 하지 맙시다.
하나님 앞에서 바로 세워지면 다른 사람들도 인정하게 되어 있습니다.

"크게 달라진 건 없었는데요. 제가 모든 걸 제 탓으로 하니까 마음만은 편하더라고요.

예전에 이장님 양 5마리를 잃어버렸는데, 제 잘못이란 생각이 들어서 저희 양 6마리에서 5마리를 드렸답니다.

그리고 새로 시작하는 마음으로 창고를 만들고 있습니다. 이장님이 화가 많이 나셨는데 아직도 그때 화가 안 풀리신 듯해요."

장인어른이 다시 이야기한다.

"그래, 잘했구먼! 사랑의 빚 외에는 빚은 안 지는 게 좋지.

이렇게 한 걸음 한 걸음씩 주님께 나아가는 삶을 하나님께서도 가장 귀하게 여기실 게야.

이장이라고 마음이 편하겠는가?

자네 양이 전부 6마리인데 5마리를 가져왔으니 아마 이장도 미안해하고 있을 거네.

자네 표정을 보니 첫 번째 미션은 잘 실천한 것 같고…. 오늘은 두 번째 미션을 주겠네.

두 번째 미션은 '항상 기도하고 나를 갖추어라'라네. 자네가 이 기간 동안 좋은 것이든 안 좋은 것이든 다 배우고 익힌다면, 하나님이 자네를 사용하실 거라 생각하네.

그러니 자네가 하나님 앞에서 준비되기 전까지는 무슨 일이든 다 받아들여야 하네.

그러면 어느 순간에는 하나님께서 기쁜 마음으로 자네를 사용하실 날이 올 테니 말이야.

그리고 하나님은 내가 관리할 수 있는 만큼만 주신다는 것도 알아야 하네.

내가 갖춘 것 이상으로 뭔가를 하려는 건 욕심이지.

무언가를 갖고 싶다고 다 욕심이 아니라, 자기가 갖춘 것에 비해 터무니없이 달라고 하는 게 욕심이라는 말이네.

자네는 아직 젊기 때문에 지금 무언가를 이루려고 하지 말아야 하네.

지금은 기도하고 자신을 갖추는 시기니까 이것저것

다른 사람에게 미안한 마음이 들게 합시다. 그래야 그 사람을 얻을 수 있습니다.

해봐야 하네.

그래서 자기가 할 수 있는 것은 하고, 할 수 없는 것은 다음에 자신을 갖춘 다음에 하면 되니 기분 좋게 남겨 놓아야 하네.

이렇게 자신을 갖춘다는 생각으로 살아야 행복도 찾아오지 않겠나?

사람들에게 인정을 받으려고도 하지 말아야 하네.

하나님 앞에서 바로 세워지면 다른 사람들도 인정을 하게 되어 있으니 말일세.

양 5마리를 잃어버렸다고 아까워하지 말게나.

이것은 자기를 갖추는 데 드는 비용이라고 생각해야 하네.

다음부터 이것을 교훈 삼아 더 잘하면 되는 거지.

그리고 이장에게 양 5마리를 준 것은 너무도 잘한 일이네.

아마 이장도 미안해하고 있을 거라 생각되네.

남에게 미안한 마음이 들게 하면 그 사람을 얻을 수 있지.

언젠가 이장에게 양을 준 것도 좋은 인연으로 다가올 것이네.

그렇게 계속 자신을 갖추다 보면 하나님께서 사용하실 날이 꼭 올 걸세.

왜냐하면 하나님께서는 지금도 누굴 사용할지 찾고 계시기 때문이지.

하지만 준비되지 않는 사람은 잘 사용하시지 않는다네.

그러니 항상 기도하며 자신을 갖추는 작업을 계속해야 하네.

물질은 선한 사람에게 있으면 가난한 사람들에게 잘 사용되지만,

그렇지 않는 사람에게 있으면 쾌락을 위해 아무 의미 없이 사용되기 때문이라네."

양 한 마리 나눔

에르키이 나무 아래 앉아 있다. 에르킨은 쿠반의 큰 아들이며, 태어나면서부터 소아마비로 몸이 불편하다.

외할아버지가 에르킨을 부르는 소리가 들린다.

"에르킨, 이리 와서 이것 좀 보렴.

며칠 전부터 새끼를 낳으려 하는지 계속 뒤척이는구나!

우리 에르킨 다음 주에 생일이지?

이 할아버지가 새끼 낳으면, 양 한 마리 주어야겠구나!

우리 목동들은 생일 때 자녀나 손자에게 새끼 양을 주는 풍습이 있단다.

어릴 때부터 양을 잘 알기 위해서 그러는 거지. 나도 어렸을 때, 할아버지께 새끼 암양 한 마리를 받았던 기억이 있단다."

에르킨이 문득 할아버지에게 묻는다.

"그런데 할아버지는 왜 사람들에게 양을 주시나요? 저뿐만 아니라 다른 사람들에게도 양을 나눠주잖아요! 양을 다 줘 버리면, 할아버지는 양이 다 없어지잖아요."

"양이 다 없어진다고……. 나는 그렇게 생각하지 않는단다. 그러니까 주는 거지!

줄기는커녕 매년 양이 늘어나고 있단다.

에르킨, 하나님은 우리를 다 지켜보고 계시단다. 내가 좋은 나눔을 하면, 언젠가는 다시 채워지게 되어 있지.

이게 하나님 나라의 원리란다."

에르킨이 다시 물어본다.

"그럼, 어떤 나눔이 좋은 나눔인가요?"

외할아버지가 이야기한다.

"에르킨! 좋은 나눔이란, 그 사람을 노력하게 할 수 있는 나눔이어야 한단다. 내가 에르킨에게 새끼 양 한 마리를 주면, 에르킨이 이걸 키우면서 양에 대해서 공부도 하고 부지런해지지 않겠니? 이렇듯, 좋은 나눔을 하면 그 사람이 달라진단다.

하나님도 좋은 나눔을 하는 사람을 계속 찾고 계시지!

이 할아버지는 그런 길잡이가 되고 싶단다. 에르킨도 커서 사람들을 잘 도와주는 사람이 되었으면 좋겠구나!

명심해라! 에르킨. 네가 양 300마리를 거느릴 만한 넉넉한 마음만 있으면, 양은 절대 줄지 않는단다. 줄었다가도 금세 다시 채워질 거야!

그러니 항상 기도하고 자신을 갖추는 노력을 계속해야 한단다.

물질이 선한 사람에게 있으면 가난한 사람들을 위해 의미 있게 사용되지만, 그렇지 않은 사람에게 있으면 쾌락을 위해 사용됩니다.

'자신을 갖추라'는 말은 '나를 정직하게 하라'는 말이란다. 내가 정직해야 다른 사람들과 신뢰도 쌓이는 법이거든."

행복은 돈이나 물질이 결정하는 게 아니라, 가까운 사람들과 얼마나 정직하게 관계를 유지하느냐에 따라 결정되는 거란다."

늑대의 공격

늦은 밤 개 짖는 소리가 크게 들린다.

쿠반은 급하게 밖으로 나온다. 칠흑 같은 어둠이다. 아마도 늑대가 나타난 모양이다.

쿠반이 나가 보니, 양치기 개 세바스찬이 늑대와 싸우고 있다. 쿠반이 늑대들에게 다가가자, 다른 늑대 한 마리가 쿠반을 노려본다. 그러다 갑자기 달려들어 쿠반의 팔을 물어버렸다.

좋은 나눔이란 그 사람을 노력하게끔 할 수 있는 나눔이어야 합니다.
좋은 나눔을 하면 나와 상대방이 모두 달라집니다.

순간 쿠반의 머릿속에는 양이 죽으면 안 된다는 생각뿐이다. 물론 늑대가 사나운 동물이지만 아귀 힘이 세지는 않다는 걸 목동인 쿠반은 잘 알고 있다. 그래서 쿠반은 온 힘을 다해 늑대의 입을 잡고 아귀를 벌려 찢어버렸다.

그러자 다른 늑대들도 모두 달아나버렸다.

밤에 늑대가 나타나면 한두 마리가 아니기 때문에 양들이 많이 잡아 먹히고 만다. 그래서 쿠반도 몸을 사리지 않고 늑대와 맞섰던 것이다.

쿠반은 항상 이런 일을 대비해 팔에 보호대를 하고 있었기 때문에 많이 다치지는 않았지만, 세바스찬은 상처가 많이 생겼다.

다음 날 세바스찬의 몸이 싸늘하게 식어 있었다. 쿠반은 너무 슬퍼 한참을 멍하니 서있었다. 그리고 세바스찬을 양지바른 곳에 잘 묻어 주었다. 지금까지 세바스찬이 양들을 많이 지켜 주었는데,

앞으로는 늑대가 나타나면 큰일이다.

대대로 양치기들은 이런 상황을 많이 접한다. 이런 상황이 되면 그냥 양을 잃을 수밖에 없는 경우가 많다.

그래서 쿠반은 예전부터 구상해둔 늑대를 쫓을 수 있는 장치를 만들기로 했다. 일단 소리가 큰 사이렌을 설치하고, 늑대가 오면 불이 켜지는 센서 등도 달아놓았다. 이번에는 다행히 세바스찬이 잘 싸워 주는 바람에 양을 보호할 수 있었지만, 다음에는 어떻게 될지 모르니 잘 대비해야 했다.

장인어른과 양 10마리 내기도 하고 있는데 한 마리라도 죽으면 안 되니 말이다.

닭과 토끼 나눔

쿠반이 장인어른의 농장을 방문했다.

이미 어미 양들은 산에 풀 뜯으러 올라갔고 목장에는 어린 양들만 있다.

목장 옆 장인어른의 과수원은 참 넓다. 과수원 안에는 살구나무와 체리나무, 사과나무가 심겨 있고 봄이라 살구꽃이 정말 예쁘게 피었다. 그리고 체리도 열매가 열려서 곧 수확해야 할 것 같다.

그 아래에 닭들과 토끼들이 자유롭게 놀고 있다. 장인어른 집의 닭과 토끼는 다른 집 닭과 토끼보다 더 즐겁고 자유로워 보인다.

쿠반도 이런 과수원을 해 보고 싶은 마음을 항상 가지고 있다.

주방으로 들어가니 장인어른이 다른 어르신들과 함께 식사를 하고 있다. 장인어른은 집 없는 노숙인들을 집에 데려와 함께 지내신다. 벌써 17명의 노숙인이 함께 계신다. 이곳에서 양도 돌보고 과수원 일도 하며 함께 지내신다. 장인어른은 이곳에서 노숙인들과 함께 교회를 운영하고 계신다.

쿠반이 장인어른을 보며 반갑게 인사한다. "장인어른, 안녕하세요. 저를 부르셨다면서요?"

장인어른도 쿠반을 반갑게 맞이한다.

"잘 지냈나! 내가 자네에게 줄 것이 있으니 조금만 기다리게나."

장인어른이 창고에서 자루 하나와 박스를 가져오신다.

하나님은 지금도 좋은 나눔을 하는 사람을 찾고 있습니다.

"이거 받게나. 병아리 50마리와 토끼 8마리라네. 우리 집에 새끼가 많아 나눠주려고 불렀지. 라파가 그러는데 자네가 병아리와 토끼를 키워보려 공부한다고 들어서 말이야. 이걸 한번 키워보게나.

자신을 갖추는 데는 이것저것 해 보는 게 제일 좋다네. 하나님이 어떤 일을 시키실지 모르니 말야.

이 병아리가 소득을 크게 불려주진 않겠지만, 사랑으로 잘 키우면 달걀도 주고 닭고기도 주고 도움이 많이 될 걸세.

또 토끼는 지금 8마리지만 1년 동안 잘 키우면 100마리까지 만들 수 있지.

중요한 건 자신을 갖추는 데도 시간과 노력을 많이 들여야 한다는 것이라네.

병아리 50마리와 토끼 8마리가 지금은 별것 아니지만, 이게 닭 50마리와 토끼 100마리가 되면 10배의 값어치가 되지. 작은 것을 소중히 여기는 사람은 큰 것도 소중히 여기는 법이거든.

이건 내가 자네에게 양 잘 키우라고 주는 선물이라네."

쿠반이 자루를 받으며 좋아한다.

"이런 귀한 걸 받아도 되나 모르겠네요. 감사합니다. 장인어른."

"내가 예전에 이야기한 게 있지?

상대방에게 미안한 마음이 들게 하라는 거 말이야!

그래야! 그 사람을 얻을 수 있는 법이지.

나는 누군가를 도울 때 항상 그 사람을 노력시키는 나눔을 한다네.

병아리가 지금 당장은 돈이 안 되지만, 3개월 정도 열심히 노력하면 제법 수익이 될 걸세!

좋은 나눔이란 물질을 그냥 주는 것보다 상대방을 노력하게 만드는 나눔이 가장 좋은 나눔이라고 생각한다네.

그렇게 노력해서 얻은 물질은 쉽게 없어지지 않는 법이거든.

나는 물질이 부족한 상황도 하나님께서 계획하신

> 누군가를 도울 때는 나를 위해서 도우면 안 되고,
> 정말 순수하게 그 사람만을 위해서 도와야 합니다.

일이라 생각한다네.

자네가 술만 먹고 자신을 갖추려 하지 않으니 하나님께서 물질을 주지 않으신 건데, 내가 그냥 줘 버리면 하나님이 어떻게 생각하시겠나?

지금은 자네가 술도 끊고 열심히 노력하니 하나님도 기쁘게 바라보실 거라는 생각이 드네.

그리고 우리가 좋은 나눔을 하면 상대방도 달라지게 되어 있는데, 만약 달라지지 않는다면, 그건 우리가 잘못 도운 것일 수도 있지.

무언가 나의 이익을 위해서 도왔을 수도 있고 말이야!

누군가를 돕는다는 것은 나를 위해서 도우면 안 되고, 정말 순수하게 그 사람을 위해서만 도와야 좋은 나눔이 되지.

상대를 위하는 순수한 마음이 중요하다는 말이네!"

손해 보며 살자

쿠바이 사는 마을은 산간 마을이라 수도 시설이 없다.

마을 한가운데 큰 우물이 하나 있는데 마을 사람들이 이곳에서 식수를 공급받는다.

우물가엔 전기모터 두 대가 있어 그나마 물을 쉽게 끌어 올릴 수 있었다.

그런데 모터 하나가 고장이 났는지 물이 조금씩밖에 안 나온다.

양 300마리를 거느릴 만한 넉넉한 마음이 있으면 양은 절대 줄지 않습니다.

예전에는 쿠반의 친구가 이 우물을 관리했는데 정육점이 망하고 도망간 후로 관리하는 사람이 없다. 쿠반도 기계에 대해 잘 모르지만 한번 살펴보고 싶은 마음이 들었다.

예전에 아버지께서 무언가 고치기 전 늘 기도로 시작했던 게 떠올랐다.

정말 오랜만이지만 쿠반은 모터에 손을 얹고 짧게 기도해본다.

'하나님, 모터를 고쳐주세요.'

기도를 하고 나니 우물가 주변이 지지분해진 게 보인다. 일단 청소를 먼저 해보기로 한다.

모터를 오래 사용하다 보니 녹이 슬어 이곳저곳 기름칠도 해본다.

'설마 고쳐지겠어.'

속마음이 혼잣말로 나온다.

쿠반도 꼭 고치겠다는 생각은 없다. 누군가는 해야 하는 일이기에 한번 해보겠다는 마음이다.

공구를 가져와 모터를 분리하고 여기저기 살펴본다.

마을 사람들을 생각하는 마음에 하나님께서도 감동하셨는지 신기하게 모터가 작동한다! 쿠반도 놀랐다!

'내 기도를 들어주시다니 정말 하나님이 살아 계시나!'

가슴이 벅차오른다. 정말 신기한 일이다. 모터가 작동해 그런 것도 있지만, 마을 사람들이 좋아할 모습을 떠올리니 기분이 더 좋아진다.

'다른 사람을 위해 봉사하는 기쁨이 이런 거구나!'

쿠반은 모터 이곳저곳을 다시 잘 살펴본다.

다음에 또 고장 나면 고칠 수 있어야 하기 때문이다.

마을 사람들이 이것 때문에 정말 불편했는데 이제는 모두가 물을 잘 기를 수 있을 듯하다.

어렸을 때 아버지께서 했던 이야기가 문득 생각난다.

한 사람이 희생해 여러 사람이 이득을 본다면, 그것은 하나님이 종종 쓰시는 방법이라고 하셨다. 아버지는 항상 희생을 이야기했다. 언젠가 아버지는 한

> 우리가 사람들과 화목하면
> 하나님께서 더 좋은 사람들을 보내실 것입니다.

문구가 쓰인 액자를 만들어 왔는데 이렇게 쓰여 있었다.

'손해 보며 살자.'

아버지는 이게 우리 집 가훈이라고 말씀하셨다.

제3장

네 이웃과 화목하라

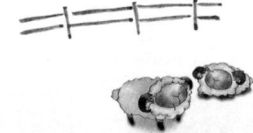

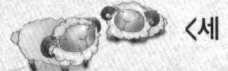 <세 번째 미션>

네 이웃과 화목하라

양이 새끼를 낳았다는 소식에 이른 아침 장인어른이 쿠반네 집으로 왔다.

"어제 양이 새끼를 낳았다면서. 정말 축하하네. 이제 양이 6마리가 되었군.

나머지 4마리도 새끼를 낳아 어서 빨리 10마리를 만들면 좋겠군."

쿠반도 이야기한다.

> 한 사람의 작은 희생으로 여러 사람이 행복해진다면 하나님도 기뻐하십니다.
> 예수님이 그러셨던 것처럼.

"어제부터 새끼가 나올 것 같은지 계속 끙끙대길래 보금자리를 만들어 놓았어요. 오늘 새벽에 예쁜 암양을 낳았네요."

장인어른이 웃으며 이야기한다.

"그래, 오늘은 정말 행복한 날이네!

그리고 오늘은 세 번째 미션을 주는 날이군.

세 번째 미션은 '네 이웃과 화목하라'는 거네.

자네가 사람들과 화목하면 물질도 오고 친구도 오게 되네.

어떤 사람이 자네에게 다가온다면 절대 그냥 온 게 아니라, 자네가 사람들과 화목하기 때문에 오는 것이라네.

더 정확하게 말하면, 자네가 이웃과 화목을 이룬 일로 인해 하나님께서 보내시는 거겠지!

그러니 지금부터 오는 사람은 한번 잘 대해 줘 보게나.

그 사람과 잘 지내면 하나님이 더 좋은 사람을 보내

기 때문이지.

옛날 말에 이런 속담이 있네. '자네가 좋은 일을 많이 하면 주위에 좋은 사람들이 많이 오고, 자네가 안 좋은 일을 많이 하면 주위에 안 좋은 사람이 많이 온다는 속담 말이네.

좋은 일도 많이 하고 이웃들과 잘 지내라는 말이네.

그리고 우리는 가난한 이웃을 위해 살아갈 때 행복해질 수 있지.

내 행복을 찾으려고 노력하면 잘 찾아지지가 않지만, 가난한 사람을 도우려고 하다 보면, 내게도 행복이 찾아오는 경우가 많다네.

왜냐하면 남을 돕는 순간 내 자존감도 높아지고, 또 내가 가치 있는 사람이라는 생각이 들기 때문이지.

그리고 화목이라는 걸 그렇게 어렵게 생각하지 말게나.

그냥 잘 들어주면 되네.

자네가 이야기를 잘 들어주면 그들이 마음속에 있

> 성공한 사람이 행복해지는 게 아니라
> 행복한 사람이 성공할 확률이 많아지는 것입니다.

는 이야기를 하게 되는데 이때 나눈 대화는 '진실한 대화'라네.

흔들리는 나뭇잎을 통해 바람을 보듯이 이웃과의 진실한 대화를 통해 또 다른 나의 모습을 만들 수 있다면, 이것보다 좋은 공부는 없겠지.

명심하게나! 세 번째 미션은 '네 이웃과 화목하라'는 거네."

하나님이 찾는 사람

장인어른께서 오셨다.

쿠반은 없고 둘째 아들 밀란과 셋째 딸 마리나가 거북이와 놀고 있다. 키르기스의 산에는 땅거북이 참 많다. 산에 있다 보니 목동 자녀들은 장난감이 없다. 그래서 산에 사는 거북이를 가지고 노는 게 대부분이다.

할아버지가 아이들에게 묻는다.

"우리 밀란과 마리나가 장난감이 없어서 거북이랑

우리가 좋은 일을 많이 하면 주위에 좋은 사람들이 많이 오고,
안 좋은 일을 많이 하면 안 좋은 사람들이 많이 올 것입니다.

놀고 있나 보구나?

여기 축구공과 소꿉놀이 장난감이 있단다. 이건 이 할아버지가 주는 선물이란다."

밀란과 마리나가 매우 좋아한다.

"고맙습니다. 할아버지! 이건 저희가 제일 갖고 싶었던 거예요."

때마침 쿠반이 목장에서 일하다 들어온다.

"장인어른, 오셨어요. 뭐 이런 걸 사오셨어요?"

장인어른이 이야기한다.

"아이들이 심심한 듯해서 사 왔네. 아이들이 좋아하는 걸 보니 나도 기분이 좋구먼.

그리고 자네에게 주는 선물도 있네.

양을 치다 보면 심심하지 않나? 그래서 심심할 때 보라고 스마트폰을 가져왔네.

산에서 양칠 때 심심하면 보게나! 여기 스마트폰에는 성경이 들어 있네. 심심할 때 읽어보게나!

이건 내가 산 건 아니고 예전에 빅터르 선교사가 준

건데 자네에게 더 필요할 듯해서 주는 거라네."

쿠반이 이야기한다.

"감사합니다. 장인어른, 스마트폰이네요."

장인어른이 이야기한다.

"그래, 산에서 양을 치다 보면 심심할 것 같아 주는 거니 그걸로 성경도 잘 읽어보게나."

"그리고 자네 목장에 늑대가 왔다면서? 팔은 어떤가?"

별거 아니라는 듯 쿠반이 이야기한다.

"조금 물리긴 했는데 금방 나을 겁니다."

장인어른이 손을 잡으며 이야기한다.

"자네 팔에 상처가 남겠군! 다른 사람들에겐 그냥 상처겠지만, 목동에게는 영광의 상처라네.

그 상처로 인해 마을 사람들이 양을 더 믿고 맡기지 않겠나? 자기 양이 위험할 때 이 목동은 양을 위해 싸워 줄 거라는 믿음의 표시니까 말이야!

예수님도 상처가 많으셨지! 우리가 힘겨울 때 예수님이 지켜줄 거라는 표식이 있어 그분을 더욱 믿고 따를

> 우리는 가난한 이웃들을 위해 살아갈 때 행복해질 수 있습니다.
> 왜냐하면 우리가 의미 있다고 느끼기 때문입니다.

수 있는 게 아니겠나!"

"그리고 닭과 토끼는 어떤가? 잘 크고 있나?"

쿠반이 장인어른을 닭장으로 데리고 간다. 닭장 문을 여니 닭 50마리가 쉴 새 없이 쏟아져 나온다.

"정말 대단하구먼! 이렇게 잘 자라다니 너무나 기쁘네! 나는 이런 모습 보는 게 가장 행복하다네.

우리가 자녀에게 무언가 하나를 주었을 때 신실하게 해내면 10배, 100배 더 주고 싶은 게 부모의 마음이지 않겠나? 나도 예전에 하나님의 마음을 잘 몰라서 고민이 많았는데, 부모의 마음으로 바라보니 하나님의 마음이 보이더군!

하나님도 그렇게 부모의 마음으로 우리를 인도하신다네.

그러니 내가 해야 할 일이다 싶으면 그냥 신실하게 열심히 하면 되지.

물질이 얼마 드는지 계산하지도 말고, 그냥 하나님께 기도하고 내가 할 일이다 싶으면 성실하게 하면 되네.

그러면 하나님이 다 채워주신다네.

그리고 하늘에 상급을 쌓는 사람을 보면 누구나 감동을 받게 된다네.

왜냐하면 지금은 자기 돈까지 써가면서 남을 돕는 사람이 많지 않기 때문이지!

그렇게 신실하게 살아가는 사람은 하나님이 언젠간 더 많은 물질과 더 좋은 사람을 보내주시는데, 간혹 그렇게 만나게 되는 이들이 혹한 조건을 제시하기도 하지.

그러나 혹한 조건에 섣불리 결정하면 갈등이라는 게 올 수 있으니, 그때는 기도해야 할 때라네.

'하나님, 어떻게 할까요?'라고 말일세!

아무리 혹한 조건이라도 기도하지 않고 바로 다가가면 오히려 독이 될 수도 있지.

그래서 물질을 허락하신 하나님께 기도로 여쭈어 보아야 하네."

쿠반이 이야기한다.

하늘에 상급을 쌓는 사람을 보면 누구든지 감동받을 것입니다.

"네, 잘 알겠습니다. 장인어른, 그런데 장인어른께서는 왜 이렇게 저희를 많이 도와주시나요?"

장인어른이 이야기한다.

"자네를 돕고 싶은 마음도 있지만 내가 행복해지기 위해서이기도 하다네. 나는 누군가를 도울 때가 제일 행복하거든.

예전에도 말했지만, 내 스스로 내 행복을 찾으려고 하면 찾기가 힘든데, 다른 사람의 행복을 찾아주다 보면 내 행복이 쉽게 찾아오기 때문이지!

그리고 내 시간과 돈을 들여 가난한 누군가를 잘 도왔다면, 하나님이 더 큰 복을 주실 거라는 걸 확신하기 때문이기도 하고 말이야!

양 300마리

아침부터 이장님이 찾아오셨다.

쿠반이 급히 나가 이장님을 맞이한다.

"이곳까지 무슨 일이세요? 이장님."

이장님이 쿠반을 바라보며 이야기한다.

"자네가 동네 우물을 고쳐서 동네 사람들 모두가 크게 기뻐했다네.

자네에게 고마워서 들렀네."

> 어떤 사람에게는 나쁜 사람이 또 어떤 사람에게는 좋은 사람일 수 있습니다.
> 그러니 화목해야 합니다.

"아닙니다, 이장님. 전 별로 한 게 없어요. 그냥 청소하고 기름칠만 했더니 신기하게 작동하더라고요."

쿠반의 이야기를 들은 이장님이 함께 튤립 동산을 걷자고 하신다. 함께 언덕에 올라서니 야생 튤립이 지천에 가득하다.

"자네, 이곳에 왜 튤립이 많은지 아나?"

쿠반이 대답한다.

"어렸을 때부터 봄이면 피는 거라 생각해 본 적은 없는데요."

이장님이 다시 이야기한다.

"이 튤립은 자네 아버지가 소중하게 생각하는 거였다네.

계량종이 아니라 토종 튤립이지. 자네 아버지가 이 튤립을 찾은 다음 얼마나 좋아했는 줄 아나?

자네 아버지는 이곳에서 튤립을 연구했었지.

다들 튤립의 원산지가 유럽이라고 생각하지만 실제로 튤립은 여기 중앙아시아가 원산지라네.

그걸 증명하고 싶었나 보더군. 야생 군락지가 있어야 원산지로 인정받을 수가 있다고 하니. 그리고 이곳이 야생 튤립의 군락지라네.

그래서 자네 아버지가 이곳에 땅을 샀던 것이고.

그러나 지금은 자네 아버지가 아쉽게 일찍 죽어서 연구가 멈춰 버렸지."

쿠반이 이야기한다.

"그랬었군요. 저는 왜 마을에서 떨어져 있는 이곳에 집을 지었는지 궁금했답니다.

학교도 멀고 불편한 게 많았거든요. 그런데 그런 뜻이 있었군요."

이장님이 말을 이어간다.

"아주 오래전 이야기긴 하지. 그건 그렇고 내가 이것 때문에 온 건 아니고 자네에게 할 말이 있어서 왔다네. 자네도 양이 얼마 없는데 5마리를 나에게 주다니 미안한 마음이 크다네."

쿠반이 이야기한다.

자녀에게 하나를 주었을 때 하나를 신실하게 해내면 10배, 100배 더 주고 싶은 게 부모의 마음입니다. 하나님도 우리를 그렇게 인도하십니다.

"아닙니다. 이장님! 제가 잃어버렸으니 제 양이라도 드리는 게 당연하지요."

이장님이 이야기한다.

"자네, 마을 사람들이 싫지? 물론 나도 원망할 테고 말이야!

미안하네! 이제는 말해야 할 것 같아서 말이야.

자네 아버지는 나랑 어렸을 때부터 친구였지. 자네 아버지는 배려심이 많은 사람이었네.

자기에게 남은 시간이 얼마 없다는 걸 알았는지 죽기 전에 나에게 부탁을 하더군.

자신이 죽으면 묘로 쓸 땅을 한 평만 달라고 하더군.

아마도 기독교인에게 묘지를 주면 동네 사람들에게 이장인 내가 곤란해질 거라는 걸 알았던 모양이야.

나는 반대했지만 자네 아버지의 간곡한 부탁이라 거절할 수 없었네.

자네 가정에도 이야기하지 말라고 했으니 말이야.

그리고 비가 많이 오는 날 무덤을 파서 집 앞에 있

는 튤립밭에 다시 묻어 달라고 하더군.

튤립밭에 묻었다는 건 나 말고는 아무도 모른다네. 자네도 알겠지만 키르기스는 아무 데나 묘지로 쓸 수 없기 때문이지.

저기 한가운데 있는 조그마한 봉우리가 자네 아버지 무덤일세."

쿠반은 너무 놀랐다.

"정말인가요? 이장님!"

쿠반의 눈에서 눈물이 흘러내렸다.

"저는 그것도 모르고 지금까지 이장님만 원망했습니다. 관을 찾기 위해 강가를 그렇게 찾아다녔는데 아버지 묘가 이렇게 가까이 있었다니요."

"진작 말해주지 못해 미안하네."

"아닙니다, 이장님! 지금이라도 찾아서 너무 다행입니다."

"아닐세! 나도 미리 말해주지 못해 미안하네. 그리고

> 내 행복을 찾으려고 노력하면 잘 찾아지지 않지만, 다른 사람의 행복을 위해
> 노력하다 보면 내가 행복해지는 경우가 많습니다.

내가 무사에게 들었는데 자네에게 꿈이 있다고 하더군.

모든 목동의 꿈이겠지만, 내 꿈도 자네 꿈과 비슷하다네.

양을 300마리로 늘리고 싶은데 좀처럼 늘지 않아서 말이야.

목동에게 양 300마리는 도달하고 싶은 목표지. 양 300마리는 돈을 주고 산다고 한들 그걸 지킬 만한 인품이 아니면 지켜내지 못할 숫자거든.

나도 지금 양이 100마리 정도 있는데 자네가 내 양을 맡아 키워 주면 고맙겠네.

요즘 자네를 계속 지켜보니 내 양을 많이 불려줄 것 같다는 생각이 들더군.

자네가 300마리를 만들어 준다면 그중 절반인 150마리를 자네에게 주겠네."

쿠반은 이장님의 제안이 많이 당황스러웠지만 그의 마음에 진심이 느껴졌다.

"네, 잘 알겠습니다. 이장님! 아내와도 상의해 봐야

하니 내일까지 확답을 드리겠습니다."

"그래, 고맙네! 잘 생각해 보고 결정해 주게. 나도 자네가 양을 잘 돌볼 수 있도록 건초나 사료는 지원하도록 하겠네.

언제 보아도 자네 집의 언덕은 참 좋단 말이야!

양을 키우기에는 최적의 장소라고 생각하네.

사계절 모두 만년설에서 눈 녹은 물이 내려오고 말이야.

아, 참! 요즘 정부에서 송어 치어 100만 마리를 부화시키고 있다네.

국민 단백질이라나! 국민을 위한 단백질을 보급할 계획이라고 하더군.

그래서 송어 치어를 무료로 나눠 준다고 하던데, 혹시 자네 송어 키워보지 않겠나?

자네가 예전에 송어 양식장에서 일한 적도 있고, 또 이곳엔 만년설의 차가운 물이 내려오니 송어 키우기에도 좋은 장소라는 생각이 들어서 말이야."

쿠반 또한 송어를 키워보고 싶단 생각을 항상 해왔기에 이장님의 제안에 깜짝 놀랐다.

형편이 안 되어 그냥 생각만 하고 있었는데 누군가 내 마음을 아는 것처럼 이런 상황이 펼쳐지니 말이다.

"감사합니다, 이장님. 저도 송어를 키우기 위해 항상 공부하고 준비하고 있었답니다. 기회가 된다면 저도 키워보고 싶습니다."

이장님을 배웅하고 쿠반은 생각한다.

이곳이 양과 송어를 키우기에 최적의 장소라고! 다시 생각해보니 맞는 말 같기도 하다. 송어를 키울 수 있는 차가운 물이 사계절 내려오고, 양들이 놀 수 있는 언덕도 있고, 또 지천에 피어 있는 야생 튤립들.

이곳이 이런 곳이었구나! 다시 보니 정말 달리 보인다. 왜 전에는 이걸 몰랐을까? 그냥 쓸모없는 땅이라고만 생각하며 부모님을 원망했는데 말이야.

송어 양식장

쿠반은 예전부터 이곳에 송어를 키우고 싶은 마음이 항상 있었다. 때마침 이장님이 이야기해 주셔서 너무 신기하기만 하다.

그래, 이곳은 차가운 만년설이 사계절 내내 내려오니 송어 양식장을 해보면 좋을 듯하다. 송어는 1급수의 차가운 물에서만 자라기 때문에 이곳이 최적의 장소라는 생각이 든다. 양 300마리를 만드는 일도 라파

> 물질을 들여 누군가를 바로 도왔다면 더 큰 복이 들어오게 됩니다.
> 하나님께서는 물질을 잘 쓸 줄 아는 사람을 찾고 있기 때문입니다.

와 상의해 보니 너무나 좋아한다.

양이 일 년에 두 번 새끼를 낳으니 열심히만 하면 300마리가 되는 것도 얼마 걸리지 않을 듯 싶다.

항상 물려받은 게 없다고 불평만 했는데 이 좋은 장소를 주신 부모님께 고마운 마음이 든다.

이번엔 쿠반이 송어를 키우기 위한 양식 시스템을 만들었다. 만년설의 차가운 석회 물을 그대로 쓰지 않고, 석회 물이 여러 층의 자갈을 통과하는 장치를 만든 것이다. 이렇게 자연정화된 물로 송어를 키우는 시스템이다. 큰 웅덩이 두 개를 만들고, 여러 층의 자갈로 바닥을 깔았다. 벽도 예쁜 돌을 이용해 저렴하면서도 자연친화적인 송어 양식장을 만들었다. 예전에 송어 양식장에서 일해 본 경험이 있어서 어떻게 키우는지는 잘 알고 있다. 요즘은 소고기보다 송어가 더 비싸기 때문에 충분히 해볼 만하다는 생각이 든다.

때마침 정부에서 치어도 무료로 보급한다니 너무

좋은 기회인 것 같다.

일이 술술 풀리는 게 기분이 좋긴 하지만, 왜 이렇게 좋은 일만 생기는지 쿠반은 신기하기만 하다. 갑자기 장인어른이 했던 말이 생각난다.

'네 이웃과 화목하라. 이게 세 번째 미션이었지?'

그리고 하나님의 때가 되면 하나님이 좋은 사람을 보내신다고 했던가? 정말 맞는 말인 것 같다.

'그럼, 이장님이 하나님께서 보낸 사람인가?'

쿠반의 입가에 미소가 묻어난다. 다섯 달 전만 해도 자포자기했던 자신에게 그동안 정말 많은 일이 일어났다. 정말 하나님이 계신 것처럼 말이다.

쿠반은 이곳에 양도 키우고, 송어 양식장도 하고, 과수원과 튤립 군락지도 잘 만들어서 사람들이 많이 찾는 곳으로 만들고 싶은 소망이 생겼다.

행복이란 무엇일까

결혼한 지 10년이 되다 보니 쿠반은 라파와의 관계가 예전 같지 않다. 항상 술에 취해 교회 가는 아내를 때렸던 게 많이 미안하다. 쿠반은 이제부터라도 아내에게 잘해 주고 싶다. 그런데 행동을 바꾸는 일이 정말 어렵다.

이번에도 장인어른께 지혜를 빌리면 좋을 듯 싶어 여쭈어 보니, 부부 사이의 관계는 잘하려고 해도 잘되기가 어려우니 천천히 작은 것부터 해야 한다고 하신다. 장인어른도 노숙자들 돌본다는 핑계로 장모님에게 잘해주지는 못하지만 한 주에 한 번은 장모님과 단둘이 함께하는 시간을 보낸다고 하신다. 그리고는 장인어른이 쿠반에게 물었다.

"라파랑 단둘이 커피숍 가본 적이 언젠가?"

쿠반도 생각해보니 함께 밥은 먹긴 했지만 커피숍에서 단둘이 커피를 마신 적은 결혼 후 거의 없었던 것 같다. 장인어른이 계속 이야기했다.

"지금까지 10년 이상을 이렇게 살았는데 하루아침에 바꾸긴 쉽지 않다네. 그냥 일주일에 한 번 라파와 커피만 마시면 되네."

무슨 대단한 이야기를 하지 않아도 되고 그냥 단둘이 조용한 커피숍에 가서 커피를 마셔보라고 하신다.

쿠반은 의아했다. 그냥 커피만 마시면 된다고! 그래서 뭐가 달라질까 하는 의문은 있었다. 하지만 쿠반도 커피만 마시는 것은 그리 어려운 게 아니라 다행이

> 누군가를 돕게 되면 사람들은 물질을 쓰는 거라고 생각합니다. 그러나 언젠간 하나님이 다시 채워 주신다는 걸 믿으셔야 합니다.

라는 생각이 들었다. 그 후 쿠반은 벌써 2주째 라파와 함께 커피숍에 들르고 있다. 이게 어떤 효과가 있을지는 모르겠지만 장인어른이 시킨 거니 한번 해 보기로 했다.

예전에 연애할 때는 이렇게 커피도 마시고 했던 것 같은데, 아이 셋을 낳고 이렇게 단둘이 커피를 마셔본 일이 없었던 것 같은 생각이 든다. 쿠반은 별로 할 말이 없지만 두 번이나 오다 보니 어색한 건 많이 줄어들었다.

오늘은 라파가 이야기도 많이 한다. 예전 추억 이야기도 하고 아이들 이야기도 하고 요즘 일어난 상황에 대해서도 이야기한다. 쿠반도 잘 들어준다.

그런데 라파의 마음이 많이 편안해진 것 같다. 마음 속에 꽁꽁 얼어 있던 얼음 같은 게 따뜻한 커피로 녹아내렸다고 해야 할까? 신기하다! 나는 듣기만 하고 이야기한 것도 없는데 아내가 편안해하는 느낌이다.

장인어른이 말하기를 여자들은 진정한 대화를 하기

원한다고 했다. 근데 진정한 대화는 집에서는 안 되고 커피숍에서만 가능하다니. 그게 무슨 말인가 했는데 맞는 말 같다.

그래, 지금까지 내가 무심하긴 했지! 내가 다른 건 못해도 한 주에 한 번 정도 커피숍에서 커피 마시는 건 해 줘야겠다.

아내에게 무엇이 행복이라고 생각하느냐고 물어보았다. 라파가 이야기한다.

"하나님이 주신 사명을 기쁘게 잘 감당하는 것과 가족이 건강하고 서로 사랑하며 사는 것"이라고 한다.

과연 라파다운 대답이다. 그럼 내가 생각하는 행복은 무엇일까?

예전에는 돈이 많아야 행복할 거라고 생각했다.

그래서 돈을 벌기 위해 부단히 노력했다.

하지만 그럴수록 돈을 벌기는커녕 더 불행해졌다.

하나님의 뜻을 정해서 이루려 하는 사람은 하나님이 도와주게 되어 있습니다.

돈이 많다고 과연 행복할까.

장인어른 말씀대로 하나님께서는 물질을 마음 놓고 퍼부어 주고 싶은 사람을 찾고 계신데 다른 데서 허황된 것만 쫓지 않았나 싶다.

이제는 이런 생각이 든다.

'행복이란, 물질보다는 불평하지 않고 주어진 데 감사하며 이웃과 화목하고 즐겁게 사는 게 아닐까?'

제4장

즐겁게 일하라

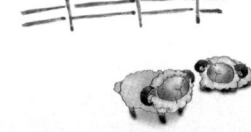

 **네 번째 미션**

즐겁게 일하라

장인어른이 오셨다.

쿠반은 두 달 동안 있었던 이야기를 한다. 이장님이 양을 맡긴 이야기 그리고 송어 양식장 이야기를 웃으면서 한다.

장인어른도 미소 지으며 이야기한다.

"자네가 웃으면서 이야기하는 걸 보니 세 번째 미션도 이루어진 것 같구먼.

> 우리가 예전으로 돌아가지 않으려면 지금 하는 일이 계속 재미있어야 합니다.
> 사람들은 더 재미있는 쪽으로 향하게 되어 있습니다.

오늘이 네 번째 미션을 주는 날이지.

네 번째 미션은 바로 '즐겁게 일하라'네.

자네가 지금도 즐겁게 하고 있지만, 앞으로도 계속 즐거워야 하거든. 그래야 예전으로 돌아가지 않지.

사람의 마음은 재미있다고 생각하는 쪽으로 가게 되어 있거든.

'내가 평생 이렇게 살고 싶다'라고 생각해야 예전으로 돌아가지 않는 법이라네.

이걸 하나님의 사명이라고 이야기하지.

일이라는 게 처음에는 재미있어서 하지만 계속하다 보면 즐겁지 않을 때가 있거든.

자네가 평생을 즐겁게 살기 위해서는 자네가 하고 있는 일을 하나님의 일로 만들어야 하네.

그래야 평생 즐겁게 일을 할 수가 있지.

'지금처럼만 하면서 살자'가 아니라 먼저 하나님의 뜻을 정하고 나서 즐겁게 해야 한다네.

그래야 하나님이 책임지는 거지.

그냥 '즐거워야지'라고 생각하며 하는 게 아니라.

하나님이 시키신 일 같으면, 하나님을 믿고 즐겁게 하라는 거네.

물질에 대해서 계산도 하지 말고, 하나님만 믿고, 열심히, 즐겁게 해야 하네.

그러면, 당장은 채워지지 않을지라도 하나님이 주실 돈은 다 채워지게 되어 있으니 걱정하지 말게나!

그래도 돈이 채워지지 않는다면, 깨끗하게 포기하면 되네.

포기하는 것도 즐겁게 해야 하네.

내가 가질 게 아니라면, 가지지 않는 게 더 즐거운 일이지 않겠나?

자네가 물질로부터 진짜 자유로워지려면, '내가 가진 게 내 것이 아니다'라고 생각해야 하네.

사람들이 왜 시험에 드는지 아나? 내 것을 남에게 준다고 생각하기 때문이지.

모든 건 하나님의 것이고 나에게 오면 잘 쓰고 돌려

사랑은 흘러가야 진짜 사랑입니다.
흘러가지 않고 고여 있으면 썩어버리고 맙니다.

준다고 생각하면 얼마나 행복하겠나?

그래야 몸과 마음이 건강해질 수 있지.

지금 물질이 적다고 고민하지도 말아야 하네.

그런다고 물질이 들어오는 것도 아니잖은가? 있는 그 자리에서 즐겁게 열심히 하고, 나머지는 하나님께 모두 맡겨 드리면 되네!"

에르킨에게
양을 선물하다

에르킨은 외할아버지 목장으로 갔다.

"할아버지, 저 왔어요. 에르킨이에요."

외양간에서 나온 할아버지가 웃으며 이야기한다.

"에르킨 왔구나! 어젯밤 어미 양이 새끼를 낳았단다! 약속대로 네게 새끼 양을 선물로 주어야겠구나. 이 어린 양을 사랑으로 키워보렴.

그럼 양도 더 건강하게 자란단다.

누구나 보람되는 일을 할 때 즐거움이 찾아옵니다.

나는 에르킨이 양을 키우면서 사랑이라는 걸 배웠으면 좋겠구나!

그리고 네가 행복해야 양도 행복하단다. 네가 가진 행복이 양에게도 전해지기 때문이지!

행복은 우리가 하고 있는 일의 의미를 알고 그 안에서 보람을 느낄 때 오는 거란다.

지금은 우리 에르킨이 다리가 아파서 양을 키우는 데 약간의 어려움은 있을 수 있지만, 그 안에서 꿈을 가지고 즐겁게 일하는 사람에게 행복이 찾아온다는 걸 잊지 마라."

좋아하는 일과
좋아하지 않는 일

송어 양식장 공사 중인 쿠반에게 장인어른이 다가온다.

"쿠반, 오늘 즐거워 보이는군!"

쿠반도 즐겁게 이야기한다.

"네, 즐겁답니다. 요즘은 일을 해도 피곤하지가 않네요.

예전에는 일을 하면 집에 가서 아이들과 놀아주기

> 누구나 좋은 선물을 받으면 자랑하고 싶습니다.
> 나도 하나님이라는 좋은 선물을 받아서 자랑하고 싶은 것입니다.

는커녕 너무 피곤해서 바로 누웠는데, 요즘은 피곤하지도 않고 너무 즐겁답니다."

장인어른이 이야기한다.

"일에도 고생스러운 일이 있고 보람되는 일이 있다는 거 아는가?

사람이란 보람되는 일을 할 때 즐거움이 찾아온다네.

물론 보람되는 일을 할 때는 피곤하지도 않지. 그러나 억지로 일을 할 때는 급속히 피곤해지는 법이라네.

일을 하면서 피곤해진다면 나 자신을 점검해 볼 필요가 있다네.

그 일을 즐기면서 하고 있는지 아니면 억지로 하는지 말일세.

하나님은 즐기는 사람을 사용하시거든."

쿠반이 이야기한다.

"장인어른께서는 또 하나님 이야기시군요. 계속 듣다 보니 저도 하나님 이야기가 자연스럽게 들리네요."

장인어른이 웃으며 이야기한다.

"그런가! 버릇이 돼서 그러니 이해하게나!

누구나 좋은 것을 선물 받으면 자랑하고 싶지 않겠나?

나도 하나님이라는 좋은 선물을 받아 자랑하고 싶은 거라네.

소득 중에 가장 큰 소득은 사람을 얻는 거라네.

자네도 하나님께 빨리 돌아와야 할 텐데.

명심하게나! 지금은 자네가 열심히 하면 다 잘 될 것 같지만 언젠가 자네 혼자 열심히 해도 안 된다는 걸 알 때가 올 거네.

하나님은 저마다 다른 달란트를 주셨지.

저마다 달란트가 다르기 때문에 다른 사람들과 함께 화목을 이루는 연습을 해야 하네.

그래야 좋은 결실이 나오거든.

나도 젊었을 때는 열심히 했지! 지금도 열심히 하고 있고 앞으로도 더 열심히 할 거라네. 하지만 달라진 게 있다면, 예전에는 나의 열심이었지만 지금은 하나님의 열심으로 하고 있다네.

저마다 달란트가 다르기 때문에 다른 사람들과 화목을 이루는 연습을 해야 합니다.
그래야 좋은 결실이 나옵니다.

그러다 보니 즐기면서 하게 되더라고.

그리고 예전에는 양이 늘어나면 행복했지만, 지금은 다른 데서 행복을 느끼지!

행복이 없어 보이는 사람에게 내가 느끼는 행복을 알려줄 때, 그때가 나는 제일 행복하다네.

그래서 나는 지금의 자네를 볼 때가 제일 행복하네."

봉사하는 즐거움

장인어른이 쿠반에게 묻는다.

"자네가 동네 우물을 고쳐 주었다며?"

쿠반이 이야기한다.

"동네 우물에 모터가 두 개 있는데 하나가 고장이 나서 동네 사람들이 이만저만 불편한 게 아니었거든요.

모터가 하나만 작동하니까 물이 조금밖에 안 올라오더군요.

> 즐겁게 일하는 사람은 좋은 향기를 냅니다.
> 그 향기는 주위도 향기롭게 만듭니다.

 예전에 장인어른께서도 대가를 바라지 말고 마음이 가는 대로 하라고 하셨잖아요?

 그래서 그런지 그날은 이상하게 우물을 살펴보고 싶었어요. 실력은 없지만 마음이 가는 대로 할 수 있는 한에서 최선을 다해 고쳐보았어요.

 예전에 아버지가 일하기에 앞서 기도로 시작하는 모습이 떠올라 저도 모터를 붙들고 기도했는데 그 때문이었는지 깨끗하게 청소하고 기름칠만 해 주었더니 신기하게 작동하더라고요.

 제가 한 것은 별로 없었어요."

 장인어른이 답한다.

 "잘했네. 그리고 기도를 했다니 정말 감사한 일이구먼. 자네는 별로 한 게 없다고 이야기하지만 그 일로 인해 여러 사람이 편해졌을 거네. 그리고 자네가 한 그 일이 좋은 인연을 더 불러올 수도 있지.

 좋은 나눔을 하면 하나님이 좋은 사람을 보내주니

까 말일세.

그리고 그거 아나? 좋은 나눔을 하면 나도 즐겁지만 다른 사람들도 즐거워진다네.

왜냐하면 즐겁게 일하는 사람은 좋은 향기를 내기 때문이지.

그 향기는 주위를 향기롭게 만들거든.

하나님은 우리를 항상 지켜보고 계시다는 걸 아는가? 늘 최고의 사랑으로 항상 바라보신다네.

우리가 우리 자신을 불쌍하게 보고, 우울해한다면 하나님도 얼마나 슬프겠는가?

그러니 우리가 좋은 나눔을 하고 봉사하는 것보다 더 중요한 건 즐겁게 사는 것이라네.

봉사도 즐겁게, 나눔도 즐겁게 하면서 진짜 봉사의 즐거움을 느껴보게나!"

쿠반이 이야기한다.

"네, 명심하겠습니다. 장인어른! 그래서 말인데요. 조그마한 도축장을 만들어 보려고 해요.

열심히 기도하는 사람에게 더 많이 주고 싶은 게 하나님의 마음입니다.

동네 사람들이 양을 잡을 때 그냥 시냇가에서 잡곤 하잖아요.

불편하기도 하고 위생적이지도 않고요.

그래서 도축장을 만들어 보려고 해요.

친구 정육점이 비어 있어서 그곳을 조금만 개조하면 될 것 같습니다."

장인어른이 이야기한다.

"그래, 너무 좋은 생각이구먼! 도축장도 동네 사람들에게 꼭 필요할 거 같네.

봉사는 마음이라네.

자네가 동네 사람들을 생각하는 마음.

물론 도축장도 좋은 생각이지만 자네의 선한 마음을 하나님은 최고의 사랑으로 바라보고 계실 거네."

도축장

장인어른이 쿠반에게 묻는다.

"공사는 잘 되고 있나?"

쿠반이 대답한다.

"네, 거의 끝나가요. 친구가 하던 정육점을 조금 개조해서 도축장으로 만드는 거라 크게 공사할 건 없어요.

여기 스테인리스 책상에서 양을 잡으면 위생적으로 잡을 수 있어요.

자기가 하는 일에 의미를 알고 보람을 느낄 때 비로소 행복이 찾아옵니다.

위에 수도 시설도 있어 언제나 깨끗하게 물청소를 할 수 있죠.

여기 있는 갈고리와 리프트로 양고기를 쉽게 들어 올릴 수도 있고요.

옆에 냉장고가 있으니 시장에 팔기 전까지 이곳에 어느 정도 보관할 수도 있어요.

이 도축장은 동네 사람들이 언제나 쓸 수 있도록 개방할 생각이랍니다. 친구 덕에 도축장도 생기고 기분이 좋네요."

장인어른도 웃으며 이야기한다.

"자네가 항상 돈 떼먹고 도망간 친구 흉만 보더니 언젠가부터 친구 흉을 안 보는 것 같구먼.

이웃의 죄를 용서하지 않으면 하나님과도 화목할 수가 없지. 나에게 상처 준 사람을 하나님께 내어 드려야 하나님의 평안을 맛볼 수 있는 법이거든."

쿠반이 이야기한다.

"저도 처음에는 친구에게 양 10마리를 빌려주고 떼

여서 술도 먹고 힘들었는데 다시 생각해보니 친구가 이해도 되더라고요.

친구도 잘해 보려고 이리저리 돈을 빌려 정육점을 했던 건데, 옆에 큰 정육점이 생겨서 잘되지 않았던 거잖아요. 저도 이제부터 남의 흉은 안 보기로 했답니다."

"그래, 남의 흉은 안 보는 게 좋다네.

흉을 보기보단 칭찬을 많이 할수록 좋지.

칭찬을 많이 하면, 그 사람이 더 갖춰지고 그런 갖춰진 친구들 때문에 내 삶도 더 성장하는 법이거든.

자네가 오늘 품은 그 마음을 잘 기억하게나!

일을 하다 보면 잘되기도 하고, 갈등이라는 게 생기기도 하지.

중요한 것은 첫 마음을 잘 기억하면서 자기가 하는 일의 의미를 알고 보람을 느끼는 게 더 중요하단 말이네."

제5장

더 나은 하나님의
소망을 꿈꿔라

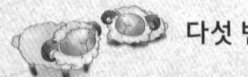 다섯 번째 미션

더 나은 하나님의 소망을 꿈꿔라

장인어른이 이야기한다.

"요즘 마을 이장이 자네 칭찬을 많이 하더군.

이장이 무뚝뚝하고 표현을 안 해서 그렇지 자네 자랑을 많이 한다네.

요즘 마을에 우물도 고쳐 주고 도축장도 만들어 주어서 마을 사람들도 자네를 좋아한다네."

쿠반이 놀랍다는 듯 대답한다.

> 진정한 그리스도인은 내가 어떤 선한 일을 했는지도 모르는 사람입니다.
> 항상 선한 일을 하기 때문입니다.

"아, 그거요! 그냥 동네 사람들에게 못된 짓도 많이 해서 사죄하는 마음으로 한 건데요."

장인어른이 이야기한다.

"자네, 참 그리스도인의 신앙이 무엇인지 아는가?

참 그리스도인의 신앙은, 다른 사람은 나를 선하게 보는데 나는 어떤 선을 행했는지 모르고 살아가는 것이지.

이게 참 그리스도인의 신앙이라네.

그의 행위가 무의식 중에 축복의 파동이 되어 이웃 사람들에게 퍼져 나가지.

지금 여기저기에서 자네에게 양을 맡기겠다고 하더군.

자네 축복의 파동이 벌써 동네 사람들에게 전달되고 있나 보네."

무엇인가 의아한 듯 쿠반이 이야기한다.

"그래요? 그래서 잔의벡 아저씨가 말 다섯 마리를 맡아 달라고 한 거였군요."

"잔의벡뿐이겠는가? 아마도 더 많은 사람이 올지도

모르지.

처음에는 자신을 갖추는 데 시간이 필요하지만 하나님의 때가 되면 그분께서 세워 주신다네.

세상에는 두 종류의 사람이 있는데 무슨 일을 해도 잘되는 사람과 무슨 일을 해도 안 되는 사람이 있지.

장사해서 망하는 사람들이 품목 선택을 잘못해서 장사가 망했다고 이야기하는데 나는 생각이 다르다네. 똑같은 품목으로 잘되는 사람도 많으니까 말이야.

자신을 갖추는 데 시간과 노력을 안 쓰고 불평만 하는 사람은 계속 일이 안 풀린다네.

자신을 갖추고 하나님의 때가 되면 무얼 해도 잘되지.

그리고 자네가 하나님의 시간을 잘 준비하였기 때문에 하나님의 축복 시간이 온 거라네.

이제는 하나님의 지혜로 새로운 소망을 세워 보게나!

예전과는 다를 거야.

하나님이 함께하시기 때문에 무얼 해도 즐겁고 잘 풀릴 걸세.

하나님께서는 우리에게 감당할 수 있는 고난만 주십니다.
그 고난을 이겨내면 우리를 마음껏 사용하실 것입니다.

오늘 마지막 다섯 번째 미션을 주겠네.

다섯 번째 미션은 '더 나은 하나님의 소망을 꿈꾸라'는 거네.

하나님은 전지전능하시고 엄청나게 부유한 분이라네.

그분은, 자녀인 우리에게 억만금을 줄 수도 있는 분이시지.

하지만 주시지 않는 이유를 아는가?

그것을 잘 쓸 만한 준비가 안 되어 있기 때문이라네.

준비가 안 된 사람에게 물질을 주면, 그 사람의 몸과 마음이 다치게 되거든.

그래서 하나님은 하나님의 때가 될 때까지 조금씩만 줘 보며 기다리는 거라네.

그걸 잘해내면 조금 더 줘 보지. 그렇게 하나님은 우리를 만들어간다네.

이제 자네도 그때가 온 것 같구먼.

이제부터는 더 나은 하나님의 소망을 꿈꿔 보게나!"

고아원

"장인어른, 제가 한 가지 여쭈어볼 게 있어요.

제 어린 시절을 떠올려 보면, 아버지도 일찍 돌아가시고 어머니도 다른 곳으로 시집을 가서 저는 고아처럼 자란 거 아시죠?

제가 예전부터 하고 싶었던 건데 고아원을 할까 합니다.

제가 어려서부터 고아처럼 자라 부모에게 사랑받지

> 어떤 상황을 보았을 때 마음이 아프다면 하나님이 우리를 통해서
> 일하시기 원하신다는 사인일 수 있습니다.

못한 아이들이 무엇을 필요로 하는지 잘 알거든요.

장인어른도 노숙인들을 도와주면서 살잖아요.

그래서 저도 고아들을 돌보고 싶어요.

저도 예전엔 고아처럼 자랐지만 지금은 이렇게 집도 있고 양도 있고 도축장도 있잖아요.

하지만 다른 고아들은 할 일이 없어서 나쁜 짓 하다 교도소에 가는 경우가 많거든요. 그래서 사랑을 줄 수 있는 조그마한 고아원을 해 보려고 해요.

왜냐하면 그 아이들을 보면 제가 마음이 아프거든요."

장인어른이 쿠반에게 이야기한다.

"그래, 그런 마음 아픔이 하나님의 사인(sign)이라네.

그렇게 마음이 아프다는 건 하나님이 자네를 통해 하기를 원하신다는 사인이라는 말일세.

정말 잘 생각했네! 하지만 이건 명심하게나. 처음에 봉사할 때는 좋아서 하지. 그런데 계속 돕다 보면 괜히 도왔나 하는 생각이 들 때가 있어.

누군가를 잘 돕는다는 것은 그 사람의 아픔까지 보

듣고 돕고자 해야 하네.

그리고 이것은 많은 연습이 필요하지.

그런 의미에서 자네는 준비가 된 것 같구먼.

하나님의 뜻을 정해 이루려고 하는 사람은 하나님께서 도우시니 이것저것 생각하지 말고 하나님의 뜻을 이루는 데만 집중하게나!

자네의 계획은 하나님이 복 주실 수밖에 없는 계획이라네. 한 사람의 작은 희생으로 여러 사람이 행복해진다면 하나님도 기뻐하지 않겠나? 예수님 한 분의 희생으로 우리 모두가 구원을 얻은 것처럼 말이야.

그리고 하나님은 비전이 있는 사람을 좋아한다네.

하나님 믿고 한번 열심히 해 보게나!

그러면 자네가 축복의 통로가 될 걸세.

대부분의 사람들은 행복을 좇으려고 하지만 그보다 더 좋은 건 행복이 올 수밖에 없는 삶을 사는 거라네.

나는 자네가 행복이 올 수밖에 없는 삶을 살고 있다고 생각하네."

과수원 나눔

쿠반과 라파는 시냇가 옆에 나무를 심고 있다. 사과나무, 체리나무, 살구나무다.

시냇가 옆에 나무를 심어 과일 수확도 하고 사람들이 많이 올 수 있는 관광 명소를 만들 생각이다. 물론 과일나무는 5년이 지나야 과일을 수확할 수 있지만 그래도 5년 후를 꿈꿀 수 있기 때문에 즐거운 마음으로 준비하고 있다.

잔의벡 아저씨가 말 다섯 마리를 맡겨 쿠반은 이곳에 크무즈 센터를 할 생각이다. 이곳에는 5일 동안 굶으면서 크무즈라 불리는 말 젖만 마시면 모든 병이 낫는다는 풍습이 있다.

이곳에 잔의벡 아저씨가 맡긴 말이 있으니 이 말들을 이용해서 말 젖도 짜고 과일나무에서 예쁜 꽃도 구경하는 관광지를 만들 계획이다.

물론 과수원 옆에 언덕을 올라가면 넓게 펼쳐진 야생 튤립 군락지도 볼 수 있다. 튤립에 대해 알지는 못하지만 돌아가신 아버지께서 좋아하셨다고 하니 쿠반도 튤립이 달리 보이는 것 같다.

그리고 쿠반은 언젠가 말이 생기면 하고 싶었던 일이 있다. 말은 양과 달리 한 마리만 잃어버려도 경제적인 타격이 크다. 그래서 쿠반은 스마트폰과 연동되는 칩을 말의 귀에 부착했다. 이 공유기만 있으면 적은 비용으로도 말이 어디 있는지도 알 수 있고 배터리도 필요 없어 간편하게 쓸 수 있다. 예전에는 말을 잃어버리

누군가를 잘 도우려면 그 사람의 내면의 아픔까지 도와야 합니다.

면 찾아다니느라 힘들었지만 이제는 스마트폰으로 말이 어디 있는지 알 수 있다. 그리고 말은 동네 사람들이 맡기는 것이기 때문에 이런 일로 사람들에게 신뢰를 잃지 않고 쌓아가는 게 너무나 중요하다.

또 라파가 요리를 잘하니까 맛있는 송어 튀김을 만들어 사람들에게 대접할 수 있다. 양 한 마리를 땅속에 넣고 바비큐로 요리하는 타쉬코르도[1]를 만들어 사람들이 더 잘 쉬었다 갈 수 있는 쉼터를 만들 계획이다.

쿠반은 평소 해보고 싶던 일을 다해보는 듯하다. 쿠반은 생각한다. 이런 게 행복이지 않을까? 생각만 했던 꿈을 현실로 이뤄가는 게 큰 행복인 듯하다.

또 예전부터 해보고 싶었던 게 무엇이었을까를 곰곰이 생각해본다.

정말 행복하다.

---

[1] 타쉬코르도는 키르기스스탄에서 목동들이 양을 잡을 때 숲속에 조리도구가 없어 양 한 마리를 땅에 묻고 불을 피워 요리한 데서 유래한 전통요리다.

평생을 간직한 소원

장인어른이 쿠반과 고아들을 보고 있다.

"자네, 정말 큰 결심을 했구먼! 이렇게 고아들을 데려오다니 말이네."

아이들이 벌써 12명이 되었다.

쿠반은 머쓱한 듯 장인어른께 이야기한다.

"요즘은 정부에서도 큰 고아원보다는 돌봄에 효율적이고 사랑을 줄 수 있는 가정식 고아원을 원한다고

> 무언가를 갖고 싶다고 다 욕심이 아니라, 자기가 갖춘 것에 비해
> 터무니없이 달라고 하는 게 욕심입니다.

하더라고요.

때마침 이장님이 잘 연결해 주셔서 이곳에서 가정식 고아원을 시범적으로 운영하도록 정부에 허락받았답니다.

제가 고아들을 보면 마음이 아프거든요.

장인어른도 이런 마음 아픔은 하나님이 저를 통해 일하길 원하시는 거라고 하셨잖아요.

아직은 부족하지만 저는 이 아이들에게 자유롭게 뛰어놀면서 공부할 수 있는 공간을 만들어 줄 계획이랍니다.

주위에서 왜 이런 일을 하냐고 많이 물어본답니다.

자네 자녀 키우는 것도 힘들 텐데 고아를 12명이나 데려오다니 미친 거 아니냐고 이야기하는 사람도 있었답니다.

하지만 이건 제가 예전부터 꿈꾸던 일입니다. 제가 평생을 간직한 꿈이죠.

이렇게밖에 설명이 안 될 듯하네요.

아마도 이게 하나님께서 주신 마음일지도 모르겠네요."

장인어른이 쿠반에게 이야기한다.

"자네를 보면 하나님께서 기뻐하실 거란 생각이 들어.

내가 봐도 이렇게 기쁘니 말이야!

하나님께서 자네에게 복 주실 수밖에 없을 것 같네.

불쌍한 이들을 위하여 봉사하는 일이 이기적인 사람들에게는 하찮은 일이지만 그렇지 않은 믿음의 사람들에겐 하나님께서 복 주시는 일이라네.

이제는 정말 행복이 자네를 쫓아올 수밖에 없는 삶이 된 것 같구먼.

그런 의미에서 내가 이 아이들에게 선물을 주어야겠네."

장인어른은 아이들을 과수원에 모았다.

그리고 아이들에게 이야기한다.

"여기 아기 염소 12마리가 있단다. 마음에 드는 걸로 한 마리씩 가져가렴. 이것은 내가 너희들에게 주는 예수님은 몸에 상처가 많습니다. 이것은 우리가 어려울 때 예수님이 지켜줄 거라는 표식입니다. 그래서 우리는 예수님을 믿고 따를 수 있는 것입니다.

선물이란다.

너희가 받은 사랑을 이 염소에게 전해 주렴.

풀도 주고 사랑도 주고 함께 놀아 주렴.

사랑은 흘러가야 진짜 사랑이란다.

흘러가지 않고 나만 간직하고 있는 사랑은 썩어 버리고 말 거야.

내가 매달 염소 무게를 잴 거란다.

누가 사랑을 많이 주었는지 말이야.

염소와 함께 너희들 꿈을 키워 보렴."

아이들도 아기 염소가 너무나 귀여워 모두 함박웃음을 머금는다.

방앗간 나눔

쿠반의 동네는 밀을 많이 재배한다. 그래서 방앗간을 가야 하는데 마을에 방앗간이 없어 옆 마을까지 가서 밀을 빻아야 한다. 밀이 무겁기 때문에 이만저만 불편한 게 아니다. 그래서 쿠반은 밀을 빻을 수 있는 조그마한 방앗간을 만들었다. 물론 장인어른의 도움을 받아 만들 수 있었다.

방앗간이 만들어진 후 동네 사람들이 쿠반의 집을

행복은 환경이나 주변 상황이 아니라 화목에 있습니다.

더 많이 찾는다. 집 앞 시냇가에 예쁜 오두막에서 쉬어가기도 한다. 시냇가를 따라서 봄에는 체리꽃이 피고 여름에는 살구꽃이 피고 가을에는 사과꽃이 피는 아름다운 동산이 있다. 과일나무 아래 예쁜 닭과 토끼들이 자유롭게 놀고, 양식장엔 송어들이 헤엄친다. 정말 처음에는 쓸모없는 언덕이라고만 생각했는데 생각을 바꿔 보니 이만한 곳이 없는 것 같아 행복하다.

쿠반은 오랜만에 부모님 생각이 난다. 지금까지 왜 이렇게 부모님을 원망했을까? 남겨준 게 없다고 불평하고 원망만 했는데, 이제는 부모님을 온전히 용서할 수 있을 것 같다.

양 10마리 나눔

오늘을 마지막 양이 새끼를 낳아 모두 10마리가 되었다. 정말 1년이라는 시간 동안 많은 일이 일어났다.

장인어른이 쿠반에게 이야기한다.

"자네가 이 시험을 잘 통과했구먼. 정말 축하하네.

양 10마리뿐 아니라 내가 준 미션도 정말 잘 수행해 주어서 고맙네."

쿠반도 장인어른께 이야기한다.

"저야말로 장인어른께 감사합니다.

양 10마리도 감사하지만, 제가 1년 전만 해도 알코올 중독자였는데 이렇게 바꾸어 주셔서 감사합니다.

모든 게 다 꿈만 같습니다."

눈물을 글썽이는 쿠반을 장인어른이 살며시 안아준다.

"수고 많았네! 이 모든 것은 우리 주님이 하셨네!

저기 예쁜 오두막에서 차나 한잔 마시세.

자네 물질이 뭐라고 생각하나?

나는 어떤 이에게는 물질을 없게 만든 것도 하나님께서 그를 사랑하시기에 그런 거라고 생각하네.

그러니 어떤 사람의 가난이 우리 눈에 보인다면 이 사람의 부정적인 모습이 무엇인지 잘 살펴봐야 하네.

그 부정적인 모습이 고쳐지지 않는다면 이 사람의 가난은 없어지지 않지.

그리고 긍정적인 부분도 자세히 살펴봐야 하네.

긍정적인 부분을 잘 살려서 부정적인 모습을 깨달

게 해 주어야 그 사람이 가난에서 벗어날 수 있지.

그렇게 그 사람을 노력하게끔 하는 나눔이어야 그 사람도 좋아지고 하나님도 좋아한다네.

그래서 나는 물질을 그냥 주지는 않는다네.

그 사람이 노력해서 얻을 수 있도록 최소한의 것을 주지.

그리고 그 사람이 노력해서 그것을 얻도록 만들지.

그래야 그 물질이 없어지지 않는 법이거든.

나는 사람들이 물고기를 많이 잡는 걸 보고 싶은 게 아니라네. 물고기를 잡기 위해 노력하는 모습을 보고 싶은 거지.

물고기를 못 잡아도 괜찮다네.

그 사람이 물고기를 열심히 잡으려 하는데도 못 잡는다면 더 잘 잡을 수 있는 도구를 다시 주면 되거든.

이게 내가 생각하는 나눔이라네.

내가 누군가를 정말 잘 도와주고 싶다면 너무 많이 주는 것보다는 노력할 수 있는 최소한의 것만 주고 그

진정한 나눔은 내가 가진 게 내 것이 아니라고 생각할 때 가능합니다.

사람이 노력해서 얻게 만들어야 변화될 수 있다는 말이네.

사람들은 쉽게 바뀌지 않는다네.

사람들은 자기 논리대로 생각하기 때문이지.

그러나 진정으로 행복한 삶은 자기 노력과 논리만으로는 안 된다는 걸 알아야 하네.

처음에는 이런 미션이 효과가 있지만 진정으로 행복해지려면 하나님의 비전과 소망이 필요하다네.

그 비전과 소망을 이루려 할 때 참 행복이 오지.

하나님의 말씀을 지키고 진심으로 하나님을 구하는 자에게 참 행복이 있다는 걸 알아주었으면 좋겠네.

이제부터는 더 나은 하나님의 소망을 꿈꾸길 바라네."

에필로그 1

행복한 양치기 쿠반

쿠반은 언덕 위에서 목장 쪽을 바라보고 있다.

이제 동네 사람들이 맡긴 양과 이장님이 맡긴 양을 합치면 300마리가 넘었다.

그리고 내기로 얻은 양 10마리도 있다.

말도 20마리 정도 된다. 말들에게 칩을 달아놓으니 동네 사람들이 더 신뢰해 주는 듯하다. 1년 전만 해도 양 1마리밖에 없었는데…….

지금은 과수원도 있고 그 안에는 염소와 닭과 토끼

> 많은 사람들이 행복을 좇고 있지만 더 좋은 건
> 행복이 올 수밖에 없는 삶을 사는 것입니다.

가 자유롭게 뛰어놀고 있다. 아내와 다시 좋은 관계가 되었고 고아들도 살구나무 아래서 자유롭게 뛰어논다.

무엇보다도 친구들이 많아져 소아마비인 첫째 아들 에르킨이 많이 밝아졌다. 둘째 아들 밀란과 막내딸 마리나도 아빠를 무척 사랑한다.

방앗간을 만들어 두니 사람들이 이곳으로 밀이나 옥수수를 빻으러 온다. 양식장에는 송어들이 잘 자라고 있고, 동네 도축장도 조합을 만들어 사람들이 잘 이용하고 있다.

1년 만에 왜 이렇게 변한 걸까? 아무리 생각해도 신기하기만 하다. 불평하지 않고 항상 감사하고, 나를 갖추고, 이웃과 화목하고, 즐겁게 일하고, 더 나은 하나님의 소망을 꿈꾸는 것. 이것을 했더니 점점 많은 사람들이 다가왔다. 이게 내 인생을 이렇게 변화시킬 줄이야.

정말 하나님이 계신 걸까?

쿠반은 장인어른과 아내가 그렇게 믿고 따르는 걸 보며 거기에 무언가 있는 게 아닐까 하는 생각을 해 본다. 행복이란 무엇일까? 지금 이런 상황을 즐기는 게 아닐까?

장인어른의 말이 생각난다.

진짜 봉사의 기쁨을 알게 되면 이 기쁨을 남에게 알려 주고 싶다고 했다. 나도 이 기쁨을 장인어른처럼 다른 사람에게 알려 주고 싶다는 소망이 생겼다. 먼저는 하나님은 아버지십니다.
모든 아버지는 자녀가 행복하기를 원합니다.

고아 아이들을 포함한 우리 아이들 15명과 자신이 불행하다고 생각하는 많은 사람들에게 이런 행복을 전해 주고 싶은 소망이 생겼다.

에필로그 2

양 6마리를 건네는 사람

장인어른이 이야기한다.

"자네는 내가 어떻게 많은 양을 얻었는지 알고 싶지 않나?

나도 한때 알코올 중독 노숙자였다네.

그때 빅터르 선교사가 나랑 내기를 하자고 했다네.

양 6마리를 줄 테니 1년 안에 10마리로 만들면 양 10마리를 다 주겠다고 하더군.

그러나 양 10마리를 만들지 못하면 양 6마리를 다시

가난한 사람 돕는 것을 즐겨하는 사람은 풍족해지고 행복해질 것입니다.
이것은 진리입니다.

돌려주어야 한다고 했지.

나야 어렸을 때부터 양을 잘 알기 때문에 거절할 이유가 없었다네.

나는 속으로 이런 생각이 들었다네. 이 사람은 외국인이라 이곳 상황을 잘 모르는구나!

그래서 흔쾌히 승낙했다네."

쿠반이 묻는다.

그럼 1년 후에 양이 어떻게 되었나요?

"상황이 바뀌니 의욕이라는 게 생기더군.

나는 새끼 양 2마리에 1년 지난 암양 4마리를 받아왔지.

양 10마리를 빨리 만들고 싶은 마음에 풀이 많은

산꼭대기에 움막을 짓고 아주 열심히 풀을 먹였다네.

그리고 암양 4마리가 모두 새끼를 낳았지.

그런데 그해 겨울 늑대가 새끼 양 한 마리를 물어가 버렸다네.

모두 9마리밖에 안 되었지.

그래도 약속은 약속이니 양 6마리를 데리고 빅터브 선교사에게 주려고 갔다네.

그런데 그가 이렇게 말하더군. '나는 양 10마리를 보고 싶은 게 아니라 자네가 열심히 일하는 모습을 보고 싶었던 거라네.'

그러면서 선물로 양 6마리를 또 주면서 이렇게 말하더군.

받는 사람보다 더 행복한 사람은 주는 사람이란 걸 꼭 기억하시기 바랍니다.

'이제 자네는 양이 15마리네.

이건 모두 하나님이 자네에게 주신 선물이라네.

나는 자네가 1년 동안 얼마나 노력했는지 잘 알고 있지.

열심히 노력하는 사람에게 더 많이 주고 싶은 게 하나님의 마음이라네.

자네도 이런 하나님의 마음을 알아주었으면 좋겠네.

내가 처음부터 15마리를 주었다면 양은 아마도 금방 없어졌을지도 모르지.

하지만 자네가 열심히 노력해서 얻은 양 15마리는 100마리도 만들 수 있고 300마리도 만들 수 있지.'

그리고 하나님을 믿어보라고 하더군.

나는 신을 믿지 않는 사람인데 이런 상황이 되다 보니 믿어보고 싶은 생각이 들더라고.

그 후에 나는 결혼도 하고 양도 300마리까지 늘릴 수 있었다네.

나는 지금도 많은 나눔을 하지만 양이 줄지 않는다네.

내 그릇이 300마리를 거느릴 수 있는 그릇이면 양은 절대 줄지 않는다는 걸 명심하게나!

이게 하나님 나라의 원리라네."

가만히 듣고 있던 쿠반이 입을 연다.

"저도 언제부턴가 장인어른이 믿고 있는 하나님을 믿어보고 싶었답니다.

제가 아직은 잘 모르지만 장인어른 교회에 나가 보

세상 살면서 어지간한 일로는 등 돌리지 말아야 합니다.
세상을 한 바퀴 온전히 돌아야 비로소 그의 얼굴을 마주볼 수 있으니까요.

도록 하겠습니다.
 그리고 장인어른이 노숙자 17명을 돌보는 것처럼 저도 이곳에 주님의 이름으로 평생 고아 아이들을 위해서 살겠습니다."

마치는 글

《행복한 양치기》를 마치며

《행복한 양치기》를 읽어 주셔서 감사합니다.

예전에 필자는 일을 하지 않고 봉사만 하겠다고 선포한 적이 있습니다.

선교와 봉사만 하라는 하나님의 음성 때문이었습니다.

처음에는 봉사할 때마다 하나님의 임재를 느끼며 즐겁게 봉사하였습니다.

그러나 봉사를 하면 할수록 내 의가 자라나 하나님에 대한 신앙은 줄어든다는 생각이 들었습니다.

봉사는 너무 재미있지만, 항상 하나님께 미안한 마음뿐이었습니다.

이걸 해결하지 못하고 선교사가 되었습니다.

1년 정도 열심히 봉사하고 있는데, 두 번째 하나님의 음성이 들렸습니다.

봉사를 그만하라는 것입니다.

그 후 저는 선교지에서 2년 반 동안 사역을 하지 못했습니다.

봉사를 못 하니 삶의 의미를 느끼지 못했고, 선교를 계속할 필요성을 느끼지 못했습니다.

다 내려놓고 철수를 해야겠다고 기도하고 있었습니다.

봉사가 너무 하고 싶어서 기도 중에도 틀니를 끼워주는 상상을 항상 했습니다.

열심히 틀니를 만들고 있는데, 하나님께서 저를 불쌍하게 바라보고 계셨습니다.

'나는 이렇게 좋은데 하나님은 왜 저를 불쌍하게 바라보실까?'라는 의문이 들었습니다.

기도하면서 그동안의 삶을 회개했는데 문득 이런 생각이 들었습니다.

'하나님의 일을 해야 하는데 내 일을 하고 있구나!' 하는 생각이 들었습니다.

그렇습니다. 나는 하나님의 일을 해야 하는 선교사인데 내 일을 하고 있었던 것입니다.

그래서 하나님이 봉사를 못 하게 하셨던 것입니다.

이후 제가 하는 모든 사역은 하나님의 일이 되었고, 10년이 지난 지금까지도 지치지 않고 행복하게 사역하고 있습니다.

저는 아직도 하나님의 때를 기다립니다.

오늘도 하나님에게 물어봅니다.

"하나님, 아직도 준비가 덜 됐나요?"

두말하면 잔소리입니다.

준비하고 준비해도 준비되지 않는 그때….

"하나님, 그때는 언제입니까?"

하나님의 때는 갑자기 오는 게 아닐 겁니다.

천천히…. 또 천천히….

재촉해서도 안 되고 조급해하지도 말고 기쁨으로 준비하면 하나님이 사용할 것을….

하나님은 준비하는 사람을 사용하신다는 생각을 다시 한번 해봅니다.

다섯 처녀가 기름과 등불을 준비했던 것처럼요.

지금은 시골마을에 치과를 만들고 동네 사람들과 함께 농사를 짓습니다.

"치과만 하면 되지 왜 농사까지 하느냐"는 이야기를 많이 듣습니다.

저는 하나님의 일을 하는 사람입니다. 인간적인 생각보다는 하나님의 음성이 더 중요하기 때문입니다.

지금도 불평하지 않고 항상 기도하고 이웃과 화목하려고 노력하고 있습니다.

여러분도 양치기 할아버지의 행복 조언을 잊지 마시기 바랍니다.

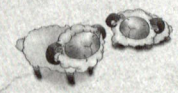

양치기 할아버지의 행복 조언들

1. 양치기 할아버지가 주는 첫 번째 미션은 '불평하지 말고 항상 감사하라'입니다.
2. 하나님은 불평하는 사람을 싫어하십니다. 최대한 주변 사람들에게 감사하는 마음을 가져봅시다.
3. 사람들은 쉽게 변하지 않습니다. 그러나 상황이 달라지면 바뀔 수 있습니다.
4. 아무 계획도 없고 목표가 없는 사람은 하나님도

돕지 않으십니다. 도와줘도 지키지를 못하니 갖춰질 때까지 기다리시는 것입니다.

5. 눈앞의 상황만 바라보면 행복하지 못합니다. 행복해지고 싶다면 더 큰 미래를 바라봐야 합니다.
6. 자신의 부족한 부분을 하나님께 내려놓고 모든 것을 하나님의 마음으로 바라봐야 행복이 찾아옵니다.
7. 사람들은 자신이 행복하지 못한 이유를 주위 환경에서 찾습니다. 그러면 더 불행해질 뿐입니다.
8. 행복은 주위 환경이나 다른 사람에게서 찾는 것도 아니고 우리 노력으로 만드는 것도 아닙니다. 하나님이 우리에게 주시는 선물입니다.
9. 고난도 하나님이 우리를 사랑해서 주신 것이라는 걸 인정해야 합니다. 그래야 고난도 감사할 수 있습니다.
10. 하나님께서는 우리에게 감당할 수 있는 고난만 주십니다. 우리가 이 고난을 이겨내면 우리를 마음껏 사용하실 것입니다.

11. 믿지 않는 사람들은 돈이나 주변의 다른 사람을 의지하지만 우리가 진정으로 의지할 것은 하나님이라는 걸 알아야 합니다.
12. 하나님 앞에서 준비가 되면 하나님께서는 우리를 기쁜 마음으로 사용하실 것입니다.
13. 무언가를 갖고 싶다고 다 욕심이 아니라, 자기가 갖춘 것에 비해 터무니없이 달라고 하는 게 욕심입니다.
14. 양치기 할아버지가 주는 두 번째 미션은 '항상 기도하고 나를 갖추어라'입니다.
15. 사람들에게 인정받으려고 하지 맙시다. 하나님 앞에서 바로 세워지면 다른 사람들도 인정하게 되어 있습니다.
16. 다른 사람에게 미안한 마음이 들게 합시다. 그래야 그 사람을 얻을 수 있습니다.
17. 하나님께서는 축복을 부어 줄 사람을 찾고 있습니다.

18. 물질은 선한 사람에게 있으면 가난한 사람들을 위해 의미 있게 사용되지만, 그렇지 않은 사람에게 있으면 쾌락을 위해 사용됩니다.
19. 좋은 나눔이란 그 사람을 노력하게끔 할 수 있는 나눔이어야 합니다. 좋은 나눔을 하면 나와 상대방이 모두 달라집니다.
20. 하나님은 지금도 좋은 나눔을 하는 사람을 찾고 있습니다.
21. 누군가를 도울 때는 나를 위해서 도우면 안 되고, 정말 순수하게 그 사람만을 위해서 도와야 합니다.
22. 내가 양 300마리를 거느릴 만한 넉넉한 마음이 있으면 양은 절대 줄지 않습니다.
23. 양치기 할아버지가 주는 세 번째 미션은 '네 이웃과 화목하라'입니다.
24. 우리가 사람들과 화목하면 하나님이 더 좋은 사람들을 보내실 것입니다.
25. 우리가 좋은 일을 많이 하면 주위에 좋은 사람들

이 많고 오고 안 좋은 일을 많이 하면 안 좋은 사람들이 많을 올 것입니다.
26. 우리는 가난한 이웃들을 위해 살아갈 때 행복해질 수 있습니다. 왜냐하면 우리가 의미 있다고 느끼기 때문입니다.
27. 어떤 사람에게는 나쁜 사람이 또 어떤 사람에게는 좋은 사람일 수 있습니다. 그러니 화목해야 합니다.
28. 내 행복을 찾으려고 노력하면 잘 찾아지지 않지만, 다른 사람의 행복을 위해 노력하다 보면 내가 행복해지는 경우가 많습니다.
29. 자녀에게 하나를 주었을 때 하나를 신실하게 해내면 10배, 100배 더 주고 싶은 게 부모의 마음입니다. 하나님도 우리를 부모의 마음으로 인도하십니다.
30. 하늘에 상급을 쌓는 사람을 보면 누구든지 감동받을 것입니다.

31. 물질을 들여 누군가를 잘 도왔다면 더 큰 복이 들어오게 되어 있습니다. 하나님께서는 물질을 잘 쓸 줄 아는 사람을 찾고 있기 때문입니다.
32. 누군가를 돕게 되면 사람들은 물질을 쓰는 거라고 생각합니다. 그러나 언젠간 하나님이 다시 채워 주신다는 걸 믿으셔야 합니다.
33. 양치기 할아버지가 주는 네 번째 미션은 바로 '즐겁게 일하라'입니다.
34. 누구나 보람되는 일을 할 때 즐거움이 찾아옵니다.
35. 누구나 좋은 선물을 받으면 자랑하고 싶습니다. 나도 하나님이라는 좋은 선물을 받아서 자랑하고 싶은 것입니다.
36. 저마다 달란트가 다르기 때문에 다른 사람들과 화목을 이루는 연습을 해야 합니다. 그래야 좋은 결실이 나옵니다.
37. 좋은 사람에겐 좋은 향기가 있습니다. 그 향기는 주위도 향기롭게 만들 것입니다.

38. 자기가 하는 일에 의미를 알고 보람을 느낄 때 행복이 찾아옵니다.

39. 진정한 그리스도인은 내가 어떤 선한 일을 했는지도 모르는 사람입니다. 항상 선한 일을 하기 때문입니다.

40. 어떤 상황을 보았을 때 마음이 아프다면 하나님이 우리를 통해서 하기를 원하신다는 사인일 수 있습니다.

41. 누군가를 잘 도우려면 그 사람의 내면의 아픔까지 도와야 합니다.

42. 하나님의 뜻을 정해서 이루려고 하는 사람은 하나님이 도와주실 것입니다.

43. 예수님은 몸에 상처가 많습니다. 이것은 우리가 어려울 때 예수님이 지켜줄 거라는 표식입니다. 그래서 우리는 예수님을 믿고 따를 수 있는 것입니다.

44. 하나님은 하나님의 비전이 있는 사람을 좋아합니다.

45. 많은 사람들이 행복을 좇고 있지만 더 좋은 건 행복이 올 수밖에 없는 삶을 사는 것입니다.
46. 진정한 나눔은 내가 가진 게 내 것이 아니라고 생각할 때 가능합니다.
47. 사랑은 흘러가야 진짜 사랑입니다. 흘러가지 않고 고여 있으면 썩어버리고 맙니다.
48. 우리가 예전으로 돌아가지 않으려면 지금 하는 일이 계속 재미있어야 합니다. 사람들은 더 재미있는 쪽으로 향하게 되어 있습니다.
49. 양치기 할아버지가 주는 다섯 번째 미션은 '더 나은 하나님의 소망을 꿈꿔라'입니다.
50. 열심히 기도하는 사람에게 더 많이 주고 싶은 게 하나님의 마음입니다.
51. 행복은 환경이나 주변 상황이 아니라 화목에 있습니다.
52. 가난한 사람 돕는 것을 즐겨하는 사람은 풍족해지고 행복해질 것입니다. 이것은 진리입니다.

53. 받는 사람보다 더 행복한 사람은 주는 사람이란 걸 꼭 기억하시기 바랍니다.
54. 세상 살면서 어지간한 일로는 등 돌리지 말아야 합니다. 세상을 한 바퀴 온전히 돌아야 비로소 그의 얼굴을 마주 볼 수 있으니까요.
55. 성공한 사람이 행복해지는 게 아니라 행복한 사람이 성공할 확률이 많아지는 것입니다.

행복한 양치기

1판 1쇄 인쇄 _ 2023년 2월 28일
1판 1쇄 발행 _ 2023년 3월 10일

지은이 _ 김승리
펴낸이 _ 이형규
펴낸곳 _ 쿰란출판사

주소 _ 서울특별시 종로구 이화장길 6
편집부 _ 745-1007, 745-1301~2, 743-1300
영업부 _ 747-1004, FAX 745-8490
본사평생전화번호 _ 0502-756-1004
홈페이지 _ http://www.qumran.co.kr
E-mail _ qrbooks@daum.net / qrbooks@gmail.com
한글인터넷주소 _ 쿰란, 쿰란출판사
페이스북 _ www.facebook.com/qumranpeople
인스타그램 _ www.instagram.com/qrbooks
등록 _ 제1-670호(1988.2.27)
책임교열 _ 송지은 · 오완

ⓒ 김승리 2023   ISBN 979-11-6143-812-2   03230

책값은 뒤표지에 있습니다.
이 출판물은 저작권법에 의해 보호를 받는 저작물이므로 무단 복제할 수 없습니다. 파본(破本)은 구입처에서 교환해 드립니다.